Für Sven und Hannah

REIHE

PRAXIS im QUADRAT

Bibliografische Informationen Der Deutschen Bibliothek

Die Deutsche Bibliothek verzeichnet diese Publikation in der Deutschen Nationalbibliografie: detaillierte bibliografische Daten sind im Internet über http://dnb.ddb.de abrufbar.

1. Auflage
Umschlag: Uli Gutekunst, Nürtingen
Typografie und Herstellung:
Uli Gutekunst, Nürtingen
Druck und Bindearbeiten:
Ptisk s.r.o., Pribram, Tschechische Republik

ISBN 978-3-7797-2064-5

Ute Reckzeh

Ein zauberhafter Schulanfang

Kurze Gottesdienste zur Einschulung

Inhalt

Abkürzungen:

KKH Kinder-Kirchen-Hits, Verlag Junge Gemeinde, Leinfelden-Echterdingen
LJ Liederbuch für die Jugend, Gütersloher Verlagshaus

Vorbemerkungen

1. Der Schulanfang

Mit dem Schulanfang sind viele Emotionen verbunden. Der Tag gehört bei uns mittlerweile zu den bedeutendsten Familienereignissen. Inzwischen geht die erweiterte Familie mit, wenn der Einschulungstag begangen wird. Auch die Väter nehmen sich dafür einen Tag frei und Großeltern und Paten kommen angereist.
Die Einschulung des Sohnes oder der Tochter ist ein wichtiger Übergang für die ganze Familie. Die Eltern müssen ihr Kind loslassen und einen großen Teil der Erziehung anderen anvertrauen. Das fällt schwer und braucht Vertrauen, dass die anderen, die Lehrenden, es gut machen werden. Die Kinder werden selbständiger und suchen sich neben den Eltern weitere Vorbilder. Das muss ausgehalten werden.
Das Kind geht nun Schritt für Schritt in die Welt hinaus. Bald wird es den Schulweg alleine gehen. Seine Neugier und sein Wissensdurst werden hoffentlich immer mehr angefacht und befriedigt. Der Schulanfang stellt den Beginn einer neuen Selbständigkeit dar und ist mit einer weiteren Ablösung von den Eltern verbunden. Diese Themen sollten im Gottesdienst aufgenommen werden. Der Gottesdienst kann helfen, diesen Übergang rituell zu gestalten.

2. Die Schultüte

Die Schultüte ist das Symbol für den ersten Schultag. Mit der Einschulung verbindet sich unterschwellig die Vorstellung vom Ende einer unbeschwerten Kindheit. Jetzt scheint der Ernst des Lebens zu beginnen, der mit einer von Leckereien gefüllten Schultüte versüßt werden muss.
Die Tradition einer Schultüte gibt es übrigens nur in Deutschland. In anderen Ländern findet eine elementare Wissensaneignung in spielerischer Weise bereits im Kindergarten statt: Zahlen und Buchstaben werden eingeführt, erste Worte gelesen oder geschrieben. Ein harter Bruch zwischen Spielen und Lernen fällt dadurch weg, so dass die Einschulung eher ein fließender Übergang ist, der eine Schultüte überflüssig macht. In Deutschland jedoch darf die Schultüte bei der Einschulung nicht fehlen. Im Gottesdienst kann sie gut eingebunden werden.

3. Der Gottesdienst

Die folgenden Gottesdienste sind für eine »volle« Kirche mit circa 60 Schüler/innen und deren Angehörige konzipiert und durchgeführt worden. Das hatte bestimmte Konsequenzen für die Gestaltung des Gottesdienstablaufs. Wenn ungefähr 300 Menschen in einer Kirche zusammen sind, und davon viele Kinder, muss ein Gottesdienst kurzweilig sein, damit es nicht unruhig wird. Darum muss es etwas zum Sehen und zum Mitmachen geben.

Die Dauer des Gottesdienstes sollte 25 Minuten nicht überschreiten, weil eine längere Konzentration der Anwesenden bei der ganzen Anspannung dieses für die Familien so einschneidenden Tages kaum möglich ist. Deshalb scheint es mir sinnvoll, auf gesungene Liturgie zu verzichten, da die meisten der Anwesenden wohl eher nicht »gottesdienstgeübt« sind. Es bietet sich an, Lieder auszuwählen, die aus Familiengottesdiensten und vom Kindergarten bereits bekannt sind, auch wenn das heißt, dass sie nicht unbedingt das Thema des Gottesdienstes und der Ansprache aufnehmen.

Wenn man diesen Kriterien folgt, hat sich der folgende Gottesdienstablauf bewährt. Die ausgeführten Gottesdienste zum Schulanfang orientieren sich alle daran. Bei der Darstellung der einzelnen Gottesdienste wird auf diesen liturgischen Rahmen zurückgegriffen, so dass nur die Themen für den Teil der Ansprache ausgeführt werden. Am Ende ist jeweils ein biblischer Text angegeben, der als innerer Bezugspunkt zum ausgeführten Thema dient. Dieser Bezug könnte zusätzlich in der Brgrüßung deutlich gemacht werden.

Gottesdienstablauf

Musik
Begrüßung
Lied
Gebet
Ansprache
Lied
Fürbittengebet
(Alle gemeinsam; es wird auf einem Ablaufzettel abgedruckt.)
Vaterunser
Segen (zum Mitmachen)
Musik oder Lied

Vorschläge für die liturgischen Teile

Begrüßung

Liebe Kinder und Eltern, liebe Lehrerinnen und Lehrer,

Ich heiße Sie und euch hier in der Kirche herzlich willkommen zum Gottesdienst am Schulanfang. Das sicherste Zeichen für den Schulanfang ist eine prall gefüllte Schultüte, die ihr heute als neue Schulkinder stolz im Arm tragt. Am Eingang habe ich schon eure tollen, großen, bunten Schultüten gesehen. Hebt sie doch jetzt noch mal alle richtig hoch, damit wir sie gut sehen können.

Mit dem Schulanfang beginnt nicht nur für euch Kinder, sondern auch für Sie, die Eltern, ein neuer Lebensabschnitt. Das ist sehr aufregend! Wenn etwas Neues beginnt, tut es gut, innezuhalten und um Gottes Segen für den neuen Weg zu bitten. Das und noch viel mehr wollen wir in diesem Gottesdienst tun. Am Ende des Gottesdienstes werden wir eine Kollekte einsammeln. Sie ist bestimmt für …

So lasst uns nun diesen Gottesdienst im Namen unseres Gottes feiern. Ich wünsche uns einen gesegneten Gottesdienst.
Amen.

Gebet

Lieber Gott,
unsere Gefühle sind gemischt an diesem Tag des Schulanfangs:
Wir freuen uns über den neuen Lebensabschnitt, der für unsere Kinder beginnt.
Neugierig und auch ein wenig ängstlich fragen wir uns:
Was wird auf unsere Kinder und uns zukommen?
Sind die Lehrerinnen und Lehrer nett zu ihnen?
Finden unsere Kinder eine gute Gemeinschaft in der Klasse und in der Schule?
Können sie mit ihren jeweiligen Möglichkeiten richtig wahrgenommen werden?
Gott, nimm du unsere Fragen bei dir auf
und sei mit uns auf unserem neuen Weg.
Lass die Schulzeit für uns zum Segen werden.
Amen.

Fürbittengebet

Lieber Gott im Himmel,
wir bitten dich für die Kinder, die mit der Schule beginnen und in die Welt hinausgehen:

- Erhalte ihnen die Neugier und die Freude am Ausprobieren und Entdecken.
- Schenke ihnen einen wachen und fröhlichen Verstand.

Wir bitten dich für uns:

- Schenke uns Weisheit und Gelassenheit, um die Kinder so zu begleiten, dass sie in Liebe und Vertrauen wachsen und mit Freude lernen können.
- Gib uns Augen und Ohren, um ihre besonderen Fähigkeiten zu entdecken und ihre Grenzen mit ihnen auszuhalten.

Guter Gott, begleite und segne uns auf unserem gemeinsamen Weg, gib uns Geduld, wenn es schwierig wird, schenke uns kreative Ideen und guten Mut für ein immer neues Miteinander. Amen.

Oder:

Guter Gott,
du bist für uns wie ein Freund, der uns hilft, oder wie eine Freundin, die uns Mut macht, wenn wir Angst haben oder uns fürchten.
Wir bitten dich:

- Sei bei den Mädchen und Jungen, die nun das erste Mal in die Schule gehen.
- Gib ihnen Mut und Kraft, auch als Kleine groß zu sein, und sei bei ihnen, wenn sie sich vor dem Neuen fürchten.

Gott, wir bitten dich für alle, die diese Kinder auf ihrem Weg in die Schule begleiten:

- Für die Mütter und Väter, dass sie ihre Kinder unterstützen und nicht allein lassen.
- Für die Lehrerinnen und Lehrer, dass sie die Kinder fördern und als deine Geschöpfe ernst nehmen.
- Für die Geschwister und Großeltern und alle anderen, dass sie die Schulkinder unterstützen, ihnen helfen und sie immer wieder ermutigen. Amen.

Oder:

Guter Gott, wir bitten dich für die neuen Schulkinder:

- Dass sie in der Schule ihre Neugierde bewahren und Freude am Lernen haben.
- Dass sie in der Schule Geborgenheit finden und Mut haben, Neues auszuprobieren.
- Dass sie in der Schule und in der Klasse eine gute Gemeinschaft werden.

Wir bitten dich für die Eltern:

- Dass sie Vertrauen haben und ihre Kinder loslassen können, wenn sie sich auf neue Wege begeben.
- Dass sie ihren Kindern immer wieder Mut machen und in Geduld nach ihren Möglichkeiten unterstützen, ohne sie dabei zu überfordern.

Wir bitten dich für die Lehrerinnen und Lehrer:

- Dass sie Freude am Unterricht und in ihren Klassen haben.
- Dass sie ohne Vorurteile alle Schülerinnen und Schüler nach ihren Möglichkeiten fördern.
- Dass sie in schwierigen Situationen gemeinsam mit anderen nach Lösungen suchen.

Wir bitten dich für uns alle:

- Begleite uns in den Alltag und lass nicht zu, dass wir unsere guten Ideen aus den Augen verlieren. Amen.

Oder:

Lieber Gott im Himmel,
wir danken dir, dass unsere Kinder bis heute heranwachsen durften und nun ihren Weg in die Schule beginnen können.
Viel Neues wartet auf unsere Kinder. Sie werden lernen, dass sie nicht allein in der Schule sind.

- Hilf ihnen, Liebe und Rücksicht zu lernen und Vertrauen und Freundlichkeit zu empfangen und zu geben.
- Hilf unseren Kindern, sich zurechtzufinden.
- Schenke ihnen Neugier und Freude am Lernen.
- Gib den Lehrerinnen und Lehrern Geduld, und bringe unsere Kinder auf dem Weg ins Leben einen Schritt voran. Lass die Schulzeit für sie zum Segen werden. Amen.

Segen zum Mitmachen

(Arme zu Beginn nach oben)
Gott, dein Segen komme auf mich wie Tau am Morgen,
benetze mich,
(Hände am Körper nach unten gleiten lassen)
umhülle mich,
(sich umarmen)
öffne mich,
(Arme ausbreiten)
erfülle mich,
(Arme nach vorn strecken, Hände zu einer Schale formen)
brauche mich,
(Hände nach vorn strecken)
und verbinde mich mit anderen.
(den/die Nachbar/innen anfassen)
Amen.

Segnung der Kinder

(Diese Form empfiehlt sich nur bei kleineren Gruppen von Kindern. Die Kinder und ihre Väter/Mütter werden gebeten, in den Altarraum zu kommen. Der/die Leiter/in und weitere Personen, z.B. Lehrer/innen können den neuen Schulkindern die Hände auflegen und ein Segenswort sprechen. Die Bedeutung dieses Rituals muss vorher eingeführt und erklärt werden. Die Handauflegung ist eine persönliche Geste, die die Zuwendung und schützende Liebe Gottes besonders verdeutlichen soll. Der-/diejenige, der/die die Handauflegung vornimmt, erfragt zunächst den Namen des Kindes, legt dann die Hände auf dessen Kopf und spricht dazu ein Segenswort.)

N.N., Gott segne und behüte dich,
er bewahre und begleite dich
auf dem Weg zur Schule und nach Hause.
Er schenke dir Kraft und Freude beim Lernen
und Menschen, die dir helfen, mit allem Neuen zurecht zu kommen.
So segne dich der Vater, der Sohn und der Heilige Geist. Amen.

Segensspruch

Gott sei vor uns und leite uns,
Gott sei unter uns und trage uns,
Gott sei über uns und segne uns an jedem neuen Tag.
Amen.

Heute geht die Schule los

2. Strophe:
Leute, heute geht die Schule los!
Leute, heute sind wir endlich groß!
Sieht man's uns nicht an,
dass ein jeder, jeder, jeder, jeder
von uns herrlich malen kann!

3. Strophe:
Leute, heute geht die Schule los!
Leute, heute sind wir endlich groß!
Sieht man's uns nicht an,
dass ein jeder, jeder, jeder, jeder
von uns blitzschnell laufen kann!

4. Strophe:
Leute, heute geht die Schule los!
Leute, heute sind wir endlich groß!
Sieht man's uns nicht an,
dass ein jeder, jeder, jeder, jeder
von uns so hoch springen kann!

Text: Rolf Krenzer; Musik: Reinhard Horn
aus: Heute geht die Schule los!, das CD-Buch zum Schulstart,

Bewegungsidee

Die einzelnen Strophen können mit Gesten und pantomimischem Spiel dargestellt werden:

1. Strophe: besonders laut singen,
2. Strophe: mit dem Arm große Luftbilder in die Luft malen,
3. Strophe: blitzschnell auf der Stelle laufen,
4. Strophe: in die Höhe springen, so gut es jeder kann.

(Um Vorsicht bei den Bewegungen bitten, vor allem in der Kirchenbank, damit es nicht zu Unfällen kommt!)

Heut ist ein Tag

Text: Lore Kleinkamp; Musik: Detlev Jöcker
aus: Elefantis Liederwiese, © Menschenkinder Verlag
und Vertrieb GmbH, Münster

Bei den nächsten Strophen:
Statt »singen« mit einer entsprechenden Geste oder Bewegung:
2. lachen
3. klatschen
4. rennen
5. schnarchen
6. flöten

Andere Gesten und Worte, z.B. »beten« kann man sich entsprechend ausdenken.

Immer und überall

Volltreffer
Text u. Musik: Daniel Kallauch, © cap-music, 72221 Haiterbach-Beihingen

Gottes Hand hält uns fest

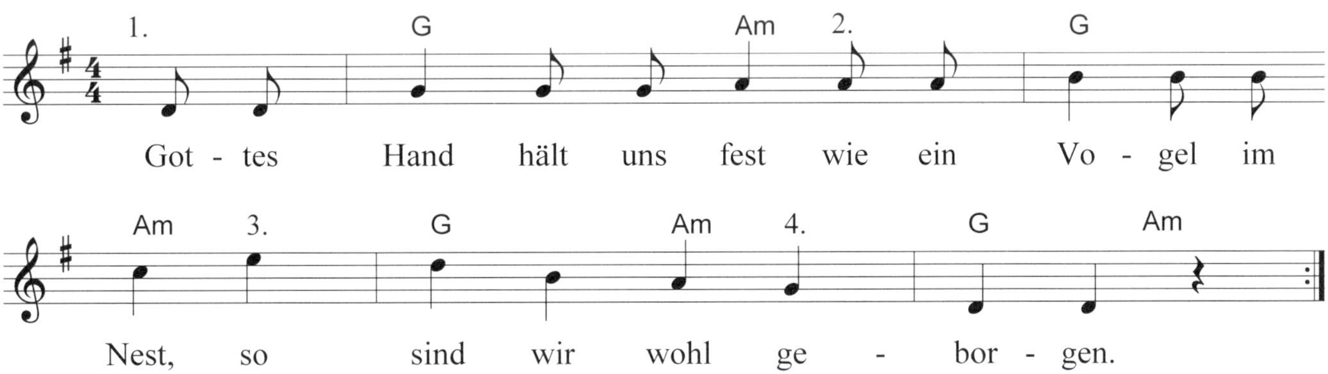

Text und Kanon für vier Stimmen: Bernd Schlaudt, Rechte beim Autor

Spatzenkinder schaut nur her

Gott behütet mich

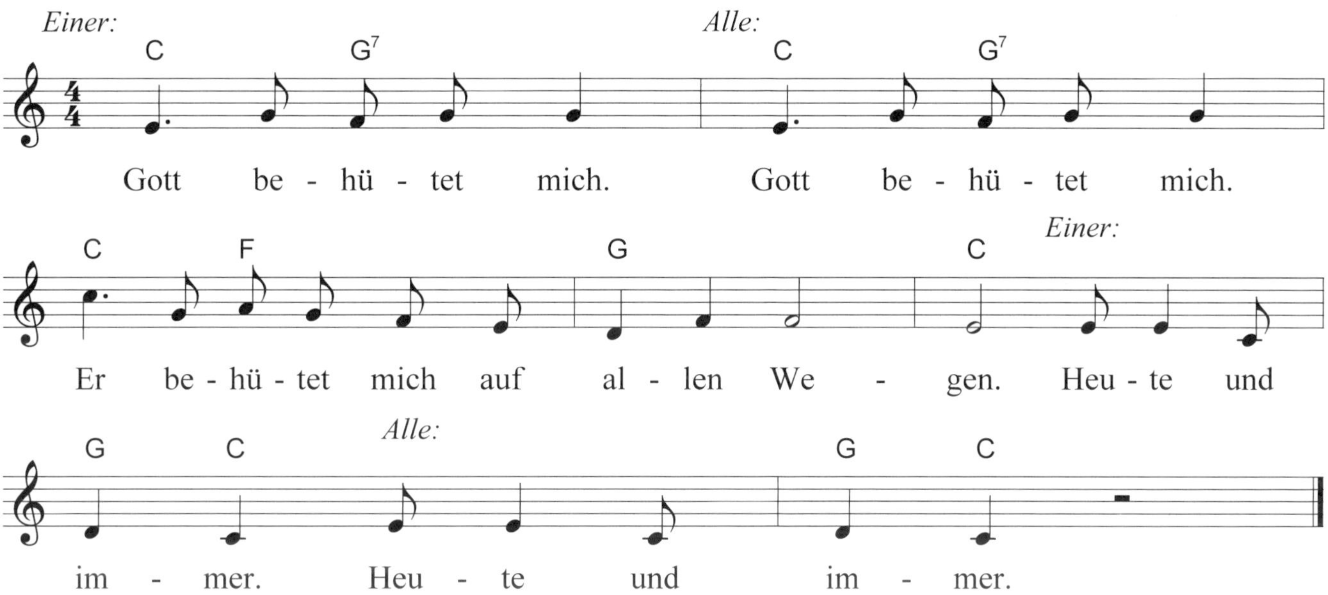

Melodie: Wolfgang Müller, Rechte beim Autor

Linke Seite:
Spatzenkinder schaut nur her
Text: Rolf Krenzer; Musik: Siegfried Fietz
Aus der CD »Der ängstliche kleine Spatz«

Guter Gott, dankeschön

2. Lieber Gott, dankeschön!
Wenn wir zu der Schule gehn,
geh du bitte, Schritt für Schritt,
mit uns allen mit. *Refrain ...*

3. Lieber Gott, dankeschön!
Wenn wir raus zum Spielen gehn,
bleib bei uns und gehe mit,
dass uns nichts geschieht. *Refrain ...*

4. Guter Gott, dankeschön!
Wenn wir abends schlafen gehn,
gib im Schlaf noch auf uns Acht
in der dunklen Nacht. *Refrain ...*

Text: Rolf Krenzer; aus: Ein Strumpf gehört an jedes Bein

Musik: Hartmut Wortmann, aus: Es läuten alle Glocken

Streit in Federmäppchenhausen

Thema

Die unterschiedlichen Schreibgeräte in einem Etui streiten über ihre Wichtigkeit. Der Transfer zu den Schüler/innen in einer Klasse, die darum ringen, wer etwas am besten kann, liegt nahe. Doch alle sind wichtig, und jede und jeder kann etwas besonders gut.

(Die Idee zu diesem Gottesdienst stammt aus dem Heft »Der ABC-Schütze. Ein Heft zum Schulanfang«, Verlag Wort im Bild.)

Der Text, der S. 19f. abgedruckt ist, wird nachgespielt, indem ein Schuletui in die Hand genommen wird und an der entsprechenden Stelle im Text die jeweiligen Gegenstände hochgehalten werden. Dadurch wird der Vergleich anschaulich gemacht. Das ganze Anspiel wird natürlich frei, ohne Textblatt, vorgeführt.

Das Besondere jedes Einzelnen kann durch ein kleines Geschenk an die Schulanfänger/innen unterstrichen werden, z.B. durch einen Bleistift mit Gesicht.

Materialien

Ein Schuletui möglichst mit folgenden Inhalten:

- Stifte in verschiedenen Farben
- Filzstifte in verschiedenen Farben
- Bleistift– Radiergummi
- Bleistiftspitzer
- Füllfederhalter
- Kugelschreiber
- Zirkel

Füllfederhalter, Kugelschreiber und Bleistift sind als »Hauptpersonen« im Etui unentbehrlich.

Liedvorschläge

– Heute geht die Schule los (S. 11)
– Halte zu mir, guter Gott (KKH 10; LJ 549)
– Schwarze, Weiße, Rote, Gelbe (LJ 606)r

Anspiel

In Federmäppchenhausen geht es wie in einem richtigen kleinen Dorf zu. Ganz unterschiedliche Stifte in allen Farben des Regenbogens wohnen da in der »Buntstiftstraße«.
Auf der anderen Seite des »Deckelklappenbachs« wohnen verschiedene Filzstifte in der »Faserschreiberstraße«.
Hinter der »Reißverschlusseisenbahnlinie«, etwas abseits gelegen, ist die »Ratzefummelgasse« und der »Spitzerplatz«.
Ganz auf der anderen Seite – in einer besonders vornehmen Gegend mit viel Platz – wohnen der Füllfederhalter, der Kugelschreiber, der Bleistift und ein Zirkel.

Weil es in Federmäppchenhausen zugeht wie in einem richtigen Dorf, streiten sich die Bewohner auch schon mal. Am letzten Montag gab es Streit im vornehmen Teil. Der Füller hatte angefangen, und das war so ...

»Es will mir einfach nicht in den Kopf«, hatte der Füller gesagt, »dass ich mein ganzes Leben mit so gewöhnlichen Leuten wie euch zusammen sein muss, dabei stamme ich doch aus einer vornehmen Familie. Ein Cousin von mir unterschreibt für die Bundeskanzlerin Verträge und ein Freund meiner Tante liegt auf dem Schreibtisch des Präsidenten der Vereinigten Staaten von Amerika. Aber ich muss hier in Federmäppchenhausen neben einem Kuli und einem Bleistift leben. So gewöhnliche Gesellschaft passt eigentlich gar nicht zu mir.«

Das ärgerte den Kugelschreiber, genannt Kuli, sehr. »Nun halt aber bloß mal dein tintiges Großmaul, du ... du eingebildetes Plastikrohr«, schimpfte er los.

Der Bleistift allerdings meinte schon sehr viel gelassener: »Ach, lass ihn doch, mein lieber Kugelschreiber, Spinner gibt es eben überall.« Und dann wandte er sich an den Füller: »Mein verehrter Herr Füller, nun überlegen Sie doch mal, ob hier in Federmäppchenhausen nicht doch jeder in seinem Bereich eine sehr wichtige Funktion hat. Wenn Sie allerdings auf Ihre großartige Verwandtschaft hinweisen, dann kann ich da durchaus auch mithalten. Ein Leonardo da Vinci, ein Vincent van Gogh hat mit Bleistiften aus meiner Verwandtschaft gearbeitet. Aber ich finde nicht, dass ich selber so wenig wert bin, um mit meiner Verwandtschaft protzen zu müssen. Nein, Herr Füller, jeder von uns hat seinen eigenen Wert. Der Kugelschreiber ist geradezu ideal für den Regen, denn da würde Ihre Tinte verlaufen. Sie sind dagegen besonders gut geeignet für wichtige und offizielle Texte, und ich eigne mich – mit Verlaub gesagt – am besten zum Zeichnen von schnellen Strichen und vorläufig hingeworfenen Gedanken. So ist jeder von uns an seiner Stelle wichtig. Wenn Sie, Herr Füller, wieder einmal meinen, Sie seien etwas Besseres, dann denken Sie doch einmal daran, dass jeder und jedes seinen Platz und seine besondere Aufgabe haben.«

Nach dieser langen Rede des Bleistiftes lief der Füller rot an vor Scham, und als das der Kugelschreiber sah, meinte er ganz versöhnlich: »Nun lassen Sie es gut sein, mein lieber Füller. Wir haben eben alle unsere Macken und auch unsere Stärken.«
Da kehrte in Federmäppchenhausen wieder Frieden ein. Jedenfalls bis zum nächsten Streit, aber das wäre eine andere Geschichte.

Und was meint Ihr, liebe Kinder, hier in der Schule in .... *(Ort einsetzen)* ist es manchmal ganz ähnlich wie in Federmäppchenhausen. Da gibt es auch hin und wieder Streit, und da heißt es auch schon mal: Ich bin etwas Besonderes, ich kann etwas besser.
Und das ist ja auch so. In der Schule werdet ihr merken, dass nicht alle gleich gut rechnen oder schreiben können. Aber wenn jemand nicht so gut rechnen kann, dann gibt es vielleicht etwas anderes, was der prima kann, z.B. ganz schnell laufen. Und da gibt es vielleicht eine, die kann überhaupt keinen Sport machen, weil sie ganz ungelenkig ist, aber die kann besonders gut lesen. Dann gibt es einen, der hat richtig Schwierigkeit mit den Buchstaben, aber dafür kann er besonders gut malen. Und dann gibt es wieder eine andere, die überhaupt nicht malen, aber dafür wunderbar zuhören kann, und so weiter und so weiter.
Ihr merkt schon, ich könnte immer so weiter machen, denn ihr alle könnt etwas besonders gut. Was das ist, das wisst ihr vielleicht schon, oder ihr werdet es in der Schule herausfinden. Und wenn ihr mal etwas nicht so gut könnt und deswegen traurig seid oder euch jemand ärgert, so

wie der Füller in Federmäppchenhausen, dann erinnert euch einfach daran, was ihr besonders gut könnt. Niemand ist ein besserer Mensch, nur weil er etwas besser kann. Jede und jeder von euch ist besonders.
Gott sei Dank.

Bibeltext

Wir haben verschiedene Gaben, nach der Gnade, die uns gegeben ist.
(Römer 12,6)

Rezept für »Pätschle«
(s. rechte Seite: »Die etwas andere Schultüte«)

Menge für ein Blech

200 gr. Mehl
50 gr. geriebener Käse (Emmentaler)
125 gr. Butter
200 gr. Sauerrahm
Salz, Messerspitze Muskat

Alle Zutaten zusammenkneten und eine Stunde kaltstellen. Den Teig 3-4 mm dick ausrollen – ausstechen (die Hand als Ausstechform für die »Pätschle« gibt es in Geschäften für Haushaltswaren oder beim Verlag didactus: www.didactus.com, Höhe 8-9 cm) und mit Eigelb bestreichen. Käse und Paprikapulver darauf streuen.
Bei 180 ° C im vorgeheizten Backofen ca. 12 Min. backen.

Die etwas andere Schultüte

Thema

Auch der kleine Rabe Felix wird eingeschult. Er hat eine Schultüte bekommen, die im Gottesdienst aufgemacht und ausgepackt wird. Hinter dem Inhalt verbirgt sich jeweils ein guter Wunsch für den Schulbeginn. Der/die Leiter/in des Gottesdienstes spielt auch den Raben und kommt mit ihm und den Kindern ins Gespräch.

Am Schluss kann der Segen jedem einzelnen neuen Schulkind persönlich mit Handauflegung zugesprochen werden. Als Mitgebsel erhält jedes Kind ein »Pätschle« (Rezept: siehe linke Seite).

Material

- eine Handpuppe (hier ein Rabe)

  (Ein Rabe, siehe Foto S. 32, kann günstig bezogen werden bei: Rheinischer Verband für Kindergottesdienst, Missionsstraße 9a, 42285 Wuppertal)
- eine Schultüte gefüllt mit einem:

  – regenbogenfarbenen Tuch
  – aufgeblasenen kleinen Luftballon
  – Buch
  – Taschentuch
  – Zettel, der ganz unten in der Tüte liegt und auf dem steht: »Sieh nach auf der Kanzel!«
- eine große Hand (ca. 70 cm lang) wird auf gelbe Pappe (Format DIN A1) aufgemalt, ausgeschnitten und auf der Kanzel versteckt. Stattdessen kann auch der Altar oder die Empore als Versteck gewählt werden.

Segenswort

(Jedes Kind sagt seinen Namen und bekommt die Hände aufgelegt und das Segenswort zugesprochen.)

Gott segne und behüte dich an deinem ersten Schultag und auf deinen Wegen zur Schule und nach Hause.
Amen.

Liedvorschläge

– Guter Gott, dankeschön (S. 18)
– Heut ist ein Tag (S. 13)
– Gott, dein guter Segen (KKH 58; LJ 382)

Rollenspiel

(Eine Schultüte liegt sichtbar auf dem Lesepult. Der Rabe Felix begrüßt die Schulkinder. Der Textablauf des Rollenspiels wird dem angepasst, in welcher Reihenfolge das Kind die Gegenstände aus der Schultüte von Felix herausholt.)

Felix:

Hallo, liebe Kinder! Kennt ihr mich noch? Ich bin Felix, das heißt: der Glückliche. Und ich fühle mich heute besonders glücklich. Wisst ihr auch warum?
(Die Kinder antworten ihm.)

Guckt mal da ...
(Der Rabe zeigt auf seine Schultüte.)

Genau! Ich komme heute nämlich in die Schule. Heute ist mein erster Schultag. Ist hier etwa noch jemand, der oder die heute den ersten Schultag hat?
(Die Kinder antworten oder zeigen auf.)

Ach, so viele? Und ich sehe, dass ihr auch so tolle Schultüten habt, wie ich. Wisst ihr eigentlich schon, was in euren Schultüten drin ist?
(Die Kinder erzählen, was sie in ihren Schultüten haben oder vermuten.)

Ich habe meine noch nicht aufgemacht. Ich bin aber schrecklich neugierig. Soll ich mal meine Schultüte auspacken? – Dabei muss mir aber ein Kind helfen. Wer kann mir denn mal die Schultüte halten?
(Felix sucht ein Kind aus, das die Schultüte in die Hand nimmt und fragt, wie das Kind heißt und ob es schon in die Schule geht.)

Kannst du die mal aufmachen? Was ist denn da so alles drin? Hol doch mal was raus und zeig es mir.
(Das Kind holt den ersten Gegenstand heraus: ein Regenbogentuch.)

Oh, was ist denn das? Ein Tuch, und was sind das für besondere Farben?
(Die Kinder antworten.)

Die Farben des Regenbogens, genau. Wisst ihr eigentlich, wie ein Regenbogen entsteht?
(Die Kinder ggf. unterstützen.)

Genau, Sonne und Regen müssen gleichzeitig da sein. Was kann das wohl bedeuten? Warum habe ich ausgerechnet ein Regenbogentuch in meiner Schultüte?

Leiter/in:

Na ja, in der Schule gibt es auch Sonne und Regen, gute und schlechte Tage, vielleicht bedeutet das, dass du beides erleben wirst?

Felix:
Stimmt, das könnte sein.
Was ist denn noch drin in der Schultüte? Hol doch nochmal was raus.
(Kind holt den nächsten Gegenstand heraus: einen Luftballon.)

O, ein Luftballon. Damit spiele ich so gern.
(Der Rabe fängt an, mit seinem Schnabel den Luftballon in die Luft zu kicken. Dann wendet er sich an den/die Leiter/in.)

Aber warum ist der bloß in der Schultüte?

Leiter/in:
Also, lieber Felix, ich dachte mir so, dass die Schule ja auch Spaß machen soll. Und der Luftballon soll dafür ein Zeichen sein: Du sollst Spaß haben. Außerdem ist so ein Luftballon ja auch sehr leicht. Die Schule soll dir leichtfallen, das wünsche ich dir auch.

Felix:
O ja, vielen Dank. Was hat es denn noch so in der Schultüte?
(Das Kind zieht ein Buch heraus.)

Ein Buch! Ich glaube, dieses Buch kenne ich noch gar nicht. Hat es denn auch Bilder? Schau doch mal nach.
(Das Kind blättert durch das Buch, aber es sind fast keine Bilder drin, dafür umso mehr Text.)

Leiter/in:
Tja, Felix, ich habe dir ein neues Buch, das du noch nicht kennst, in die Schultüte gepackt, weil du ja in der Schule lesen lernen wirst. Dann weißt du auch gleich, was du mit deinen neuen Fähigkeiten machen kannst, nämlich dein neues Buch lesen.

Felix:
Toll. Dann muss ich ganz schnell lesen lernen, damit ich das Buch bald lesen kann. Was ist denn noch in der Tüte?
(Das Kind holt ein Taschentuch heraus.)

Ein Taschentuch? Was soll das denn?
(Felix fragt das Kind.)

Hast du auch so was? Wozu brauchst du das denn?
(Das Kind antwortet dem Raben.)

Leiter/in:
Weißt du, Felix, eine Freundin von mir ist Lehrerin und die hat mal gesagt, dass ihre Schulkinder immer ein Taschentuch dabei haben sollen, z.B. zum Naseputzen, oder auch zum Tränen-

trocknen. Manchmal soll es in der Schule ja vorkommen, dass es Tränen gibt.
Außerdem brauchen dieses Taschentuch vielleicht auch ein bisschen die Eltern. Es ist ja nicht so einfach, euch Schulkinder und Schulraben jetzt aus den Händen zu geben und in die große weite Schulwelt zu entlassen. Einerseits ist es toll, zu sehen, wie groß ihr geworden seid, aber vielleicht fließt auch bei euren Eltern jetzt eine versteckte Träne und dafür soll das Taschentuch dann auch sein.

Felix:
Ach!? Da wäre ich selbst nie drauf gekommen. Was ist denn da noch drin?
(Kind holt einen Zettel raus.)

Ein Zettel? Da steht ja was drauf.
(zum Kind)

Kannst du mir das vorlesen?
(Ein Kind, das lesen kann, liest den Zettel vor.)

»Sieh nach auf der Kanzel!« – Was soll das denn nun schon wieder heißen? Kinder, könnt ihr mir helfen? Wo ist denn die Kanzel?
(Kinder zeigen dem Raben die Kanzel. Es kann auch der Altar oder die Empore gewählt werden.)

Na, dann will ich da mal hochgehen und suchen, was da versteckt ist. Das muss ja ziemlich groß sein, weil es anscheinend nicht in die Schultüte passt. Ich glaube, mehr ist wohl nicht drin in der Schultüte?
(Kind schaut nach und verneint.)

Vielen Dank für deine Hilfe, du kannst dich jetzt gern wieder auf deinen Platz setzen.
(Leiter/in geht mit Felix auf die Kanzel.)

Hey, hier liegt eine große gelbe Hand aus Pappe.
(Leiter/in hebt die Hand hoch und zeigt sie den Kindern.)

Da habe ich nun aber gar keine Idee, was das mit dem Schulanfang zu tun hat.

Leiter/in:
Na, Felix, hast du denn eine Idee, wem diese Hand gehören könnte?

Felix:
So eine große Hand? Nee.
(fragt die Kinder)

Wisst ihr, wem die Hand gehören soll?
(Meist kommen die Kinder selbst darauf, dass es die Hand Gottes sein soll.)

Leiter/in:
Genau! Das soll die Hand Gottes sein. Gott hat natürlich nicht so eine große gelbe Hand. Das soll nur ein Bild dafür sein, dass Gottes große Hand uns auf all unseren Wegen beschützt und auch euch auf dem Schulweg und in der Schule. Gottes Hand ist spürbar durch die Hände anderer Menschen, die uns trösten und uns Gutes tun. Ich kenne eine Mutter, die ihrem Kind jeden Morgen einen Segen gibt, wenn das Kind das Haus verlässt, um zur Schule zu gehen. Dazu legt sie ihre Hand auf den Kopf ihres Kindes
(bei Felix vorführen)

und spricht: »Gott segne und behüte dich an diesem Tag« – und dann malt sie mit ihren Fingern ein Kreuz auf die Stirn und sagt: »Amen«.

Felix:
Das war jetzt aber schön.

Leiter/in:
Siehst du, das ist auch für die Mutter schön, so kann auch sie ihr Kind jeden Morgen gut losgehen lassen. Liebe Kinder, wir wünschen euch und euren Eltern einen guten Start in die Schulzeit. Und damit ihr das so richtig deutlich spürt, dass Gottes Segen mit euch geht, dürft ihr jetzt nach vorne kommen und ich lege jedem von euch die Hand so auf, wie ich es euch bei Felix gerade gezeigt habe.

Bibeltext

Ich will dich ... segnen und dir einen großen Namen machen, und du sollst ein Segen sein.
(1. Mose 12,2)

Gut beschirmt

Thema

Dieser Gottesdienst knüpft inhaltlich bei der Übergangssituation an, in der sich Eltern und Kinder beim Schulanfang befinden (siehe Vorbemerkung: der Schulanfang). Der Schirm wird als Symbolgegenstand ins Spiel gebracht: zunächst in seiner Funktion, vor Regen zu schützen, danach aber auch als Zeichen dafür, dass Gott uns beschützt.
Das Anspiel wird mit zwei Personen aufgeführt, kann aber auch zum Ein-Personen-Stück umgearbeitet werden. Zur Erinnerung an den Einschulungsgottesdienst bekommen die neuen Erstklässler/innen einen kleinen Papierschirm geschenkt. Man kann Ihnen auch Lesezeichen mit dem Leitgedanken überreichen. Es ist als Schirmchen gestaltet (Vorlage siehe rechts).

Materialien

- ein großer Schirm
- Knirps
- kleine Papierschirmchen
  (Gibt es als Dekorationsartikel für Speisen zu kaufen.)
- oder Lesezeichen *(siehe rechts)*

Liedvorschläge

– Das wünsch ich sehr (KKH 54; LJ 488)
– Er hält die ganze Welt (LJ 517)
– Gott behütet mich (S. 17)
– Gott, dein guter Segen (KKH 58; LJ 382)

Vorlage für Lesezeichen

Anspiel

1. Sprecher/in:
Dass heute euer erster Schultag ist, kann jeder sofort erkennen, denn ihr habt ja eure schönen Schultüten mitgebracht. Was da wohl alles hineingepackt wurde?

2. Sprecher/in:
Etwas ganz Wichtiges für den heutigen Tag und für alle anderen Tage ist aber bestimmt nicht darin! Wir haben es euch mitgebracht.

1. Sprecher/in:
(Er/Sie holt seinen großen Schirm und spannt ihn auf.)
Ich habe einen richtig großen Schirm mitgebracht. Wenn ich den aufspanne, dann hätten wir sogar alle beide darunter Platz und er hält richtig gut den Regen ab. Selbst wenn es stark regnet, werde ich deshalb bestimmt nicht nass. Er ist sehr stabil und hält auch einen ordentlichen Wind ab, ohne gleich kaputt zu gehen.

2. Sprecher/in:
(Er/Sie holt den Knirps hervor und spannt ihn auf.)
Na, ob mein Schirm so richtig windsicher ist, wage ich zu bezweifeln. Und so richtig groß ist er auch nicht. Dafür ist er aber sehr praktisch. Zusammengefaltet nimmt er fast keinen Platz weg und ist schön leicht. Ich kann ihn überall mitnehmen, und er fällt kaum auf. Und wenn es plötzlich regnet, kann ich ihn einfach herausholen und aufspannen und werde auch nicht nass.

1. Sprecher/in:
Jetzt fängt ja bald der Herbst an und dann kann es schon mal plötzlich regnen. Da ist es gut, wenn man einen Schirm dabei hat.

2. Sprecher/in:
In manchen Ländern braucht man einen Schirm übrigens auch als Schutz vor der Sonne. Aber davon träumen wir hier natürlich nur!

1. Sprecher/in:
Als ihr kleiner wart, konntet ihr noch keinen Schirm selbst tragen. Da haben euch eure Eltern mit unter ihren Schirm genommen. Da bliebt ihr trocken und wart sicher!

2. Sprecher/in:
Jetzt wo ihr größer seid und euren Schulweg

vielleicht bald allein geht, braucht ihr euren eigenen Schirm. Wenn ihr euren Schirm dabei habt, könnt ihr ihn jederzeit aufklappen, wenn ihr ihn braucht.

1. Sprecher/in:
(Er/Sie versucht ihn aufzuklappen und »kämpft« dabei etwas mit dem Mechanismus.)
Freilich muss man erst mal lernen, wie das geht. Aber mit etwas Übung lernt man das ganz schnell. Natürlich muss man den Schirm auch richtig halten. Wenn man ihn neben sich (zeigen) oder schräg hält (zeigen), dann fällt einem der Regen trotzdem auf den Kopf.

2. Sprecher/in:
Das Wichtigste am Schirm ist aber, dass man ihn nicht vergessen oder liegen lassen sollte. Denn man weiß ja nie, wann man ihn braucht.

1. Sprecher/in:
Aber warum haben wir Schirme in den Gottesdienst mitgebracht? Hier regnet es doch nicht. Wir haben schließlich ein Dach über dem Kopf! Auch wenn ihr jetzt größer seid und euren eigenen Schirm (dabei-)habt – sind eure Eltern immer noch für euch da mit einem Schirm oder »wie ein Schirm«. Denn sie schützen euch nicht nur vor Regen, sondern sie bieten euch auch Schutz, wenn ihr traurig oder allein seid, wenn euch etwas schwer fällt. Dann spürt ihr, sie sind wie ein Schirm, euch kann nichts passieren.

2. Sprecher/in:
Dieser »Schirm« erinnert uns auch daran, dass uns noch jemand auf all unseren Wegen schützt: Gott! Gott ist wie ein Schirm, der über uns ausgespannt ist. Er geht immer mit und ihr seid nie allein. Man muss auch nicht an einem Ort bleiben: dieser Schirm – Gott – geht mit, wohin auch immer man gerade unterwegs ist.
Wie man ihn aufklappt, den Schirm Gottes, wollt ihr wissen? Ganz einfach: Man spricht mit Gott und sagt ihm, dass man den Schirm braucht. »Beten« nennt man das. Manchmal genügt es, mit Gott zu sprechen. Er sagt einem dann: Ich gehe mit dir, fürchte dich nicht! Dann ist alles nur noch halb so schwer, als wenn man allein damit zurechtkommen müsste.

1. Sprecher/in:
Liebe Erwachsene, vielleicht ist es genau das, was Sie als Eltern, Verwandte und Paten Ihren

Kindern heute Morgen wünschen: Einen solchen, der ihnen hilft auf ihrem Weg. Je mehr unsere Kinder ihre eigenen Wege gehen, desto weniger können wir selbst sie beschützen. Wenn sie ihre ersten Schritte allein in die Welt gehen, dann wünschen wir uns, dass sie nicht alleingelassen sind. Gott lässt sie nicht allein, er wird bei ihnen sein und sie begleiten. Die Kinder können jederzeit unter seinem Schirm Zuflucht und Zuversicht finden. Diese Zusage Gottes ist für uns beruhigend und entlastend.

2. Sprecher/in:
Der Schirm Gottes wird euch geschenkt. Was wir euch heute mitgeben wollen, ist, dass ihr um diesen »Schirm« wisst. Und wir wollen jetzt dafür beten, dass Gott euch beschirmt, wo auch immer ihr gerade seid.
(Er/Sie breitet als Segensgestus die Hände vor sich aus.)

Guter Gott, wir bitten dich,
- dass die neuen Erstklässlerinnen und Erstklässler schnell gute Freunde in der Schule finden, denen sie vertrauen,
- dass ihre neuen Lehrer und Lehrerinnen ihnen gerecht werden,
- dass sie Freude am Lernen haben, bei guter Gesundheit bleiben und voller Neugier und Energie die Welt entdecken.

Gott schenke jedem von euch den Schutz seines Schirmes. Mit unseren Gebeten spannen wir ihn auf und danken Gott für dieses Geschenk. Amen.

1. Sprecher/in:
Wir haben gesehen, dass ihr viele schöne und nützliche Dinge in eurer Schultüte habt, dass euch ein Schirm aber noch fehlt. Weil er aber so wichtig ist, haben wir euch welche mitgebracht. Sie sind zwar klein – sollen euch aber an die größeren erinnern.
Liebe Schulanfänger, kommt bitte mal nach vorn und holt euch einen kleinen Schirm ab.

Bibeltext

Wer unter dem Schirm des Höchsten sitzt und unter dem Schatten des Allmächtigen bleibt, der spricht zu dem Herrn: Meine Zuversicht und meine Burg, mein Gott, auf den ich hoffe.
(Psalm 91,1-2)

Zusammen sind wir unschlagbar

Thema

Ein kleiner Rabe und ein Löwe treffen sich an ihrem ersten Schultag. Beide sind ganz aufgeregt und unsicher, weil sie nicht wissen, was auf sie wartet. Sie freunden sich miteinander an und machen sich gegenseitig Mut, weil sie merken, dass sie sich helfen können. Das Anspiel wird von zwei Personen mit Handpuppen aufgeführt, anschließend kann man mit den Kindern noch ins Gespräch kommen.

Materialien

- zwei Handpuppen: Löwe und Rabe

  (Der Rabe, siehe Foto, kann günstig bezogen werden bei: Rheinischer Verband für Kindergottesdienst, Missionsstraße 9a, 42285 Wuppertal.

  Beide Handpuppen hat z.B. auch das Versandhaus »Pappnase« in seinem Programm:
  Rabe – Artikelnr. 17329 und Löwe – Artikelnr.. 136695. Bestellung unter: Pappnase & Co, Von-Essen-Str. 76, 22081 Hamburg, Fax: 040 - 29 81 04 – 20 oder www.pappnase.de.)

- eventuell eine Schultüte gefüllt mit einer Zahl, einem Buch, Flöte, Springseil, Tuschekasten und ähnlichem (siehe S. 34)

Liedvorschläge

– Heute geht die Schule los (S. 11)
– Heut ist ein Tag (S. 13)
– Viele kleine Leute (KKH 65; LJ 620)

Anspiel

(Nach Ulrich Kaiser, Christiane Zimmermann-Fröb, in: Material-Dienst, hg. v. Rheinischen Verband für Kindergottesdienst, Nr. 55, 2/96)

Rabe:
Hallo, wer bist du denn?

Löwe:
Ich heiße Leo. Und du?

Rabe:
Ich bin Krah. Gehst du heute auch zum ersten Mal in die Schule?

Löwe:
Ja. Und ich bin ganz schön aufgeregt. Ich kann doch noch gar nichts. Meine Mama sagt zwar: »Jetzt bist du schon groß. Du gehst ja jetzt zur Schule!«, aber ich weiß nicht.

Rabe:
Den Satz kenne ich auch: »Jetzt bist du schon groß!« Und beim nächsten Mal heißt es dann wieder: »Das verstehst du noch nicht. Das kannst du noch nicht, dafür bist du noch zu klein!« Dabei kann ich schon ganz tolle Sachen! Schau mal, wie hoch ich fliegen kann!
(Der Rabe fliegt hoch.)
Kannst du das auch?

Löwe: *(hüpft ein wenig)*
Nein, das kann ich nicht. Aber ich kann ganz laut brüllen. *(brüllt)*
Kannst du das auch?

Rabe:
(krächzt ein wenig vor sich hin)
Aber dafür kann ich mich nachts unsichtbar machen! Meine Federn sind so schwarz, dass mich in der Dunkelheit keiner sehen kann!

Löwe:
Dafür kann ich mich aber größer machen. Schau dir nur meine Mähne an! Wenn ich die tüchtig schüttele *(Löwe schüttelt den Kopf)*, dann wirke ich viel, viel größer.

Rabe:
Eigentlich können wir schon ganz tolle Sachen machen. Sollten wir uns nicht zusammentun? Dann können wir uns gegenseitig helfen.

Löwe:
O ja, wenn dir einer was tun will, dann brülle ich so laut, dass er davonläuft.

Rabe:
Und wenn wir zusammen unterwegs sind, dann fliege ich immer mal hoch und schau, ob wir uns noch auf dem richtigen Weg befinden oder ob uns jemand entgegenkommt. Weißt du, Leo, mit dem, was du kannst, bist du ganz wichtig für mich.

Löwe:
Und mit dem, was du kannst, Krah, bist du auch ganz wichtig für mich.

Gespräch mit den Kindern

Liebe Kinder!
Leo und Krah entdecken, dass sie vieles schon ganz gut können. Leo kann laut brüllen und Krah prima fliegen. Sie können sich mit ihren besonderen Begabungen gegenseitig gut helfen. Ich weiß, dass ihr alle auch schon ganz vieles könnt! Ihr seid eigentlich auch selbst kleine Wundertüten, so ähnlich wie eine gut gefüllte Schultüte. In euch steckt schon ganz viel, was ihr könnt!

An dieser Stelle könnte zusätzlich eine Schultüte bereitliegen, aus der nacheinander einige Gegenstände herausgeholt werden, die Fähigkeiten von Kindern beschreiben, wie z.B. eine große Zahl für das Rechnen, ein kleines Buch fürs Lesen, eine Flöte zum Musizieren, ein Springseil, einen Tuschkasten fürs Malen oder ähnliches. Bei jedem Gegenstand werden die Kinder gefragt, was das wohl bedeuten soll und wer das schon kann.

Jetzt will ich mal ein bisschen herumfragen: Wer kann denn schon etwas Tolles? – Wie könnt ihr damit anderen helfen?

Hier einfach flexibel sein und auf die Kinder eingehen. Es werden von den Kindern viele Fähigkeiten genannt werden. Nicht nur rechnen, lesen und schreiben, sondern auch Witze erzählen (damit kann man anderen Spaß bereiten) oder Musik machen (das erfreut andere), oder gut zuhören (das tut anderen gut).

Bibeltext

Tu deinen Mund auf für die Stummen und für die Sache aller, die verlassen sind.
(Sprüche 31,8)

Die Suche nach dem Weg

Thema

Der Weg in die Schule ist mit Neugier, aber auch mit etwas Ungewissheit verbunden. Dieses Thema wird hier von einem kleinen Anspiel aufgenommen. Es greift das Gehen von blinden Menschen mit einem Blindenstock und eine kleine chinesische Geschichte auf. Das Anspiel kann von dem/der Leiter/in im Gottesdienst gemeinsam mit einem Schulkind (etwa aus der dritten Klasse) eingeübt und vorgespielt werden.

Materialien

- Schal, um die Augen zu verbinden
- Stock als »Blindenstock«

Liedvorschläge

– Gott behütet mich (S. 17)
– Gott, dein guter Segen (KKH 58; LJ 382)
– Gottes Hand hält uns fest (S. 15)
– Immer und überall (S. 14)

Anspiel

Leiter/in:
Liebe neue Schülerinnen und Schüler. Ihr kommt nun in die erste Klasse und freut euch darauf alle ganz toll. Es gibt aber auch Kinder, die nicht so einfach wie ihr in die normale Schule gehen können. Es sind z.B. Kinder, die nichts sehen können, weil sie blind sind. Dazu wollen wir euch jetzt etwas vorspielen. Dabei hilft mir .... *(Name des Kindes nennen)*
Ich verbinde dir jetzt die Augen. *(Augen verbinden)*
Kannst du noch etwas sehen?

Kind:
Nein, ich sehe nichts. Alles ist dunkel.
(herumtasten)
Ist denn niemand da, der mir helfen kann? Der mich an die Hand nimmt und mir den Weg zeigt? Der macht, dass ich wieder sehen kann?

Leiter/in:
Ich kann zwar nicht machen, dass du wieder sehen kannst, aber ich habe einen Stock, mit dem du laufen lernen kannst, auch wenn du nichts siehst. *(gibt ihm den Stock)*

Kind:
Und was soll ich jetzt damit machen?

Leiter/in:
Ich werde dich jetzt ein Stück weit damit führen. Halte den Stock nach vorn und bewege ihn vorsichtig im Halbkreis immer von rechts nach links und wieder zurück. Denn er ist ja kein Spazier-, sondern ein Taststock! Jetzt gehen wir also langsam los. Wenn du irgendwo dagegen stößt, dann weißt du, dass du aufpassen musst, weil da etwas steht. ... Jetzt geht der Stock ins Leere, das bedeutet, dass hier eine Treppenstufe ist.

Kind:
Ist gar nicht so einfach. Ich glaube, bis ich das kann, muss ich lange üben. Ach, wenn ich doch nur schon mit dem Blindenstock alleine laufen könnte.

Leiter/in:
Das braucht seine Zeit – und Übung! Aber keine Angst, du wirst es schaffen. Vor allem brauchst du Vertrauen, dass du mit deinem Stock nicht allein bist. In einer Geschichte aus China heißt es: Ein Christ wünschte sich am Beginn des Jah-

res ein Licht, damit er den Weg ins Ungewisse besser findet. Aber er bekam zur Antwort: Geh nur in die Dunkelheit und lege deine Hand in die Hand Gottes! Das ist besser als ein Licht und sicherer als ein bekannter Weg.

Kind:
Jetzt fühle ich mich schon ein bisschen sicherer. Aber sag mal: kann ich denn auch zur Schule gehen? Oder werden die Lehrer sagen: »Nein, du kannst nicht zur Schule gehen. Du kannst ja nicht sehen, was an die Tafel geschrieben wird. Und wie willst du denn Schreiben und Lesen lernen? Dazu muss man doch sehen können!«

Leiter/in:
Das stimmt nicht. Auch blinde Kinder können zur Schule gehen. Sie haben eine eigene Schrift. Die wird nicht mit den Augen gelesen, sondern mit den Händen. Wenn die Augen nichts sehen, dann müssen die Hände »sehen« lernen. Und die können das! Hab Vertrauen! Alles lässt sich lernen. Gott ist bei dir und begleitet dich dabei, er geht mit dir.
(Das Kind geht mit dem Blindenstock die Treppe hinunter.)

Leiter/in:
Liebe Kinder, ihr seid vermutlich nicht blind. Aber ihr wisst nicht, was euch alles in der Schule erwartet. Deshalb wünsche ich euch, dass auch ihr eure Hand in die Hand Gottes legen und losgehen könnt und Vertrauen habt, dass es gut wird. Amen.

Bibeltext

Christus spricht: Ich bin das Licht der Welt. Wer mir nachfolgt, der wird nicht wandeln in der Finsternis, sondern wird das Licht des Lebens haben.
(Johannes 8,12)

Ein zauberhafter Schulanfang

Thema

Lernen ist der Schlüssel zur Zauberei (natürlich nicht nur dafür). Was die Kinder in der Schule lernen, ist auch schon fast Zauberei.
Der/die Leiter/in des Gottesdienstes kündigt bereits in der Begrüßung an, dass er/sie ja nicht nur Pfarrer/in (oder Lehrer/in oder ...) ist, sondern noch einen anderen Beruf hat, welcher das ist, wird noch nicht verraten. Er/Sie ist nämlich der Zauberer Zarinus (die Zauberin Zarina).
Während des ersten Liedes, das direkt vor dem Zauberauftritt gesungen wird, zieht er/sie sich in einem Nebenraum um. Das Buch wird bereitgelegt. Das Wendetuch wird in den Zauberhut gesteckt und dieser wird dann aufgesetzt.
Dieser Einschulungsgottesdienst ist in der Vorbereitung etwas aufwändiger. Er setzt voraus, dass jemand Lust hat, sich mit Zauberkunststücken zu beschäftigen. Wer damit bereits Erfahrung hat, wird viel Spaß dabei haben (und alle Zuschauer natürlich auch). Die Ansprache kann leicht mit weiteren eigenen Kunststücken erweitert werden. Beim Kauf der Tricks wird die Erklärung mitgeliefert, die wir hier natürlich nicht verraten können. Jeder Trick ist mit etwas Übung gut einzuüben, auch für diejenigen, die noch nie gezaubert haben. Dieser Gottesdienst macht unglaublich Spaß und fällt aus dem Rahmen.

Materialien

- Zaubermantel
- Zauberhut
- regenbogenfarbenes Tuch
- Zauberstab, der abbrechen kann
  (Artikelnr. 142 560, Tipsy Wand – wackeliger Zauberstab)
- Zaubermalbuch, das unterschiedliche Seiten zeigen kann *(Artikelnr. 21456, Zaubermalbuch)*
- zweifarbiges Taschentuch
  (Artikelnr. 21449, Tuchfärbung)
  (Das Zaubermaterial stammt aus dem Versandkatalog von Pappnase & Co, Von-Essen-Str. 76, 22081 Hamburg, Fax: 040 - 29 81 04 – 20 oder www.pappnase.de. Beim Kauf eines jeden Zaubertricks wird dieser im Begleitmaterial ausführlich erklärt!)

Liedvorschläge

– Heut' ist ein Tag (S. 13)
– Heute geht die Schule los (S. 11)
– Gott, dein guter Segen (KKH 58; LJ 382)

Tipps zum Zaubern

Zunächst möchte ich betonen, dass sich hinter jedem Zaubertrick natürlich eine Täuschung verbirgt. Es werden die Sinne, die Wahrnehmung oder das Denken der Zuschauer getäuscht. Das ist auch allen Zuschauern bekannt und jeder möchte gern herausfinden, wie der Zauberer das schafft. Aber gleich zu Anfang eine Warnung: Verrate nie einen Zaubertrick, den du vorführst! Es schafft auf allen Seiten mehr Frust als Freude und zerstört das Zauberhafte (z.B. kommt die Reaktion »Ach, so einfach ist das!« – und du denkst frustriert an die vielen Stunden des Übens dieses »so einfachen« Tricks). Erhalte die Neugier der Zuschauer und sie werden es dir mit Anerkennung danken.
Beim Kauf eines Zaubertricks wird eine Erklärung mitgeliefert. Lies die Erklärung gründlich, damit du die Durchführung des Tricks ganz verstehst. Das Wichtigste, um einen Trick zu beherrschen, ist: üben, üben, üben. Der Zaubertrick muss so gut eingeübt werden, dass man ihn im Schlafe kann. Es ist hilfreich, vor einem Spiegel zu üben und auch die seitliche Ansicht dabei nicht zu vergessen. Wenn man einen Trick nicht vollständig beherrscht, sollte man ihn lieber weglassen!
Die einzelnen Tricks müssen zu einem Kunststück verbunden werden. In unserem Fall unterstützen die Tricks eine Geschichte, sogar die Verkündigung in einem Gottesdienst. Dazu muss der Vortrag schriftlich ausgearbeitet sein, jede noch so winzige Kleinigkeit sollte vermerkt werden (jeder Handgriff, an welchem Platz liegt was). Das Programm sollte schlüssig zusammengestellt werden. Es empfiehlt sich, das Programm mehrmals genauso durchzuproben, als ob das Publikum bereits anwesend ist. Es wird in der Kleidung geübt, die später auf der Bühne bzw. hier im Gottesdienst getragen wird. Fühlt man sich sicher, findet sich bestimmt ein vertrauter Freund, dem man die Vorführung darbieten und von dem man hilfreiche Hinweise zur Verbesserung bekommen kann. Am Schluss übe man ein paar Mal in dem Raum, in dem die Vorführung stattfinden wird.
Vorsicht: Nicht zu viele Tricks einsetzen. Weniger ist mehr!
Kündige nie an, was du gleich machen wirst, sonst wissen alle, worauf sie nun besonders achten müssen und dein Trick ist möglicherwei-

se leichter zu entlarven. Blicke auch nie dorthin, wo du gleich etwas zaubern wirst, auf deine Hand oder den betreffenden Gegenstand, sondern lenke die Aufmerksamkeit der Zuschauer durch Reden ab.
Überlege dir genau, ob du für den Vortrag ein Mikrofon brauchst oder den Raum mit deiner Stimme so füllen kannst. Wende dich an die letzte Reihe der Zuschauer, dann kommt deine Stimme bei allen an, rede laut und deutlich und nicht zu schnell!
(Ausführlichere Hinweise finden sich bei Jochen Zmeck, Handbuch der Magie, Henschel Verlag, Berlin.)

Im Folgenden ist ein ausgearbeiteter Vorschlag für den Vortrag angeboten, der je nach eigenen Bedürfnissen und erarbeiteten Tricks abgeändert werden kann.

Zauberauftritt

Liebe Kinder,
manchmal bin ich auch der Zauberer Zarinus (die Zauberin Zarina), aber das wissen hier in .... *(Name des Ortes)* nur ganz wenige. Ich möchte Euch erzählen, warum ich eine so erfolgreiche Zauberin bin.
(Er/sie zieht den heilen Zauberstab hervor.)

Da ist zum einen mein Zauberstab. Der ist ganz wichtig. Und der ist schon soooo alt, nämlich 150 Jahre alt. Und mit diesem Zauberstab kann ich fast alles zaubern. Weil er schon so alt ist, ist er leider ein bisschen eigenwillig. Manchmal will er gar nicht so wie ich will, sondern er macht, was er will.
(Währenddessen den Zauberstab abknicken lassen, aber nicht hinsehen.)

Was sagt ihr, der Zauberstab ist kaputt?
(Bevor man hinschaut, wieder gerade machen.)

Wieso? Ich sehe nichts.

Also wie gesagt, manchmal, da ist er sogar richtig frech und will mich ärgern.
(Den Stab abknicken lassen, die Kinder werden rufen.)

Wie – schon wieder kaputt?
(Den Zauberstab wieder gerade machen.)

Jetzt hab ich es doch schon wieder nicht gesehen. Aber vielleicht macht ihr auch nur Spaß mit mir? Ihr bringt mich ganz durcheinander, wo das Zaubern sowieso schon so schwer ist ... Also wie gesagt, so ein Zauberstab ist ziemlich wichtig.
(Den Stab in die andere Hand nehmen, er knickt wieder ab.)

O nein, jetzt sehe ich, was ihr meint. Der Zauberstab ist wirklich kaputt. Dann muss es wohl heute ohne ihn gehen. Es gibt so Tage, da will er einfach nicht mitzaubern. Aber wisst ihr was, ich stecke ihn jetzt in meine Tasche und ihr helft mir beim Zaubern, habt ihr Lust? Zusammen schaffen wir es auch ohne Zauberstab. Es gibt ja noch andere wichtige Zauberhilfsmittel: zum Beispiel dieses Zauberbuch. Da stehen die wichtigsten Zaubertricks drin – alles, was so ein Zauberer (eine Zauberin) wie ich braucht.
(Die weißen Seiten aufblättern. Die Kinder sehen nur leere Seiten und werden das zurufen.)

Wie, da steht gar nichts drin? Alle Zauberzeichnungen wie weggeblasen? Hm. Wollt ihr mir helfen, das Zauberbuch wieder bunt zu machen?
(Zustimmung der Kinder abwarten)

Toll! Könnt ihr alle pusten? Ja? Dann machen wir es so: ich zähle bis drei und danach pustet ihr alle ganz kräftig, und wenn wir Glück haben, schaffen wir es auch ohne den Zauberstab, alle bunten Zauberbilder wieder herbeizuzaubern. Eins – zwei – drei – pusten!
(Jetzt die schwarzen Bilder aufblättern.)

Und habt ihr die Bilder gesehen?
(Die Kinder monieren, keine bunten Bilder zu sehen.)

Ja, was, die waren gar nicht bunt? – O, was machen wir denn da? Ach, ich habe eine Idee: wenn ich sage »jetzt«, dann macht ihr alle die Augen zu und denkt ganz fest an eure Lieblingsfarbe, ja? Und so zaubern wir dann die Bilder farbig: Eins – zwei – drei, jetzt ... *(Dann die bunten Bilder aufblättern.)*

Ja, jetzt hat es funktioniert. Toll! Einen Applaus für alle Zauberkinder!

Und wisst ihr was, so ein Zauberbuch ist ganz wichtig für meinen Zaubererfolg. Das ist ein bisschen so wie mit euren neuen Schulheften, die sind auch erst ganz leer, und dann füllen sie sich mit ein bisschen Ausdauer und Puste.

Aber ich wollte euch ja noch das allerwichtigste für meinen Zaubererfolg verraten. Bisher war das mein kleines Geheimnis. Das wichtigste ist mein Zauberhut. *(Den Hut abnehmen und umdrehen.)* Der war nämlich mal meine Schultüte! Der Tag meines Erfolgs begann an dem Tag, als ich ein-

geschult wurde. Denn Lesen, Schreiben, Rechnen und Wissen ist die größte Zauberei in der Welt. Ihr werft ein paar Tintenkleckse auf das Papier, und schon kann ein anderer euren Brief lesen, oder ihr schreibt ein paar Zahlen, und andere verstehen die Rechnung! Das ist die größte Zauberei! Und das kann auch das Geheimnis eures Erfolges werden.
Aber damals, als ich eingeschult wurde, da ahnte ich das nicht, und war sogar sehr, sehr traurig, weil meine Schultüte so klein war. Stellt euch vor, sie war die kleinste von allen. Ich ahnte ja nicht, dass diese kleine Schultüte mal ein so erfolgreicher Zauberhut werden würde.
(Das grüne Taschentuch aus dem Hut herausholen.)

Ja, damals habe ich so manche Träne vergossen, die getrocknet werden wollte. Deshalb ist es gut, immer ein Taschentuch in der Schule dabei zu haben. Daran müsst ihr immer denken, so zum Naseputzen, oder auch, wenn es mal eine Träne gibt.
(Den Hut aufsetzen, das Taschentuch in der Hand behalten.)

Ach ja, und für eure Eltern habe ich auch noch ein Taschentuch dabei.
(Die Farbe des grünen Taschentuches in rot wandeln.)
Irgendwie ist es ja auch schon ein bisschen traurig, wenn die Schulzeit beginnt. Sie ist wie ein kleiner Abschied. Jetzt gehen die Kinder eigene Wege und erkunden die Welt. Jedem Abschied wohnt nicht nur ein Zauber inne, sondern auch eine kleine Träne.
So, liebe Kinder, merkt euch gut, ihr habt alle einen besonderen Hut. Der ist so ähnlich wie mein Zauberhut, wenn eurer auch nicht sichtbar ist. Gott hält bei euren Schritten in die Schule die Hand über euch und begleitet euch, etwa so wie ein großer Hut. *(Die Hand zum Hut über den Kopf halten.)*
So ein sichtbarer oder unsichtbarer Hut – das tut gut. Und weil dieser Zauberhut mir so zum Erfolg verholfen hat, will ich doch mal sehen, ob er den störrischen Zauberstab auch wieder heil machen kann.
(Den Zauberstab in den Hut stecken; mit der Hand darüberstreichen, den Zauberstab ganz herausziehen.)

Ich wünsche euch allen einen guten Start. Denkt an meinen Zauberhut, der einst meine Schultüte war und der Schlüssel zum Erfolg ist.

Bibeltext

Ein Mensch sieht, was vor Augen ist; der Herr aber sieht das Herz an. *(1. Samuel 16,7)*

Thema

Ein Rabe will ein Interview mit einer Schildkröte machen. Im Laufe des Gesprächs wird deutlich, dass er zwar Fragen stellt, aber die Antwort der langsamen Schildkröte nicht abwartet. Er hört überhaupt nicht zu. Die Schildkröte weist ihn darauf hin und dann verbessert der Rabe sein Kommunikationsverhalten, aber nun hört die Schildkröte nicht richtig zu.
Ein wichtiges Lernziel in der Schule ist, sich gegenseitig zuzuhören und so zu einer gleichberechtigten Kommunikation zu gelangen. Das gilt nicht nur für die Kinder, die der Lehrerin zuhören sollen (und die Lehrerin den Kindern). Vielmehr sollen auch die Kinder lernen, sich gegenseitig zuzuhören und die Beiträge der anderen zu schätzen. Das ist in der Regel schwierig, denn jeder möchte zuerst selbst gehört werden.
Das Puppenspiel wird am besten zu zweit aufgeführt. Ein Gespräch zwischen Leiter/in und Kindern schließt sich an und mündet in eine Kurzansprache.

Materialien

- zwei Handpuppen: Rabe und Schildkröte
  (Der Rabe, siehe Foto S. 32, kann günstig bezogen werden bei: Rheinischer Verband für Kindergottesdienst, Missionsstraße 9a, 42285 Wuppertal. Beide Handpuppen hat z.B. auch das Versandhaus »Pappnase« in seinem Programm: Rabe – Artikelnr. 17329 und Schildkröte – Artikelnr. 123150. Bestellung unter: Pappnase & Co, Von-Essen-Str. 76, 22081 Hamburg, Fax: 040 - 29 81 04 – 20 oder www.pappnase.de.)
- ein Mikrofon für den Raben

Liedvorschläge

– Gib uns Ohren, die hören (KKH 3; LJ 534)
– Gott gab uns Atem (EG 432; LJ 242)
(In der 2. Strophe heißt es: Gott gab uns Ohren, damit wir hören.)
– Heut ist ein Tag (S. 13)
(»hören kann« als eine weitere Strophe singen)

Anspiel

Rabe: *(Er hält ein Mikrofon)*
Hier ist wieder Felix der rasende Reporter – keiner fragt schneller, keiner ist heller.
Ich bin auf der Suche nach Interviews für den »Waldboten«. Ist denn jemand da, den ich interviewen könnte?
(Er sieht sich um und entdeckt Schildkröte.)

Ha, da ist ja jemand! *(Er nähert sich der Schildkröte.)*
Ich bin Felix der rasende Reporter – keiner fragt schneller, keiner ist heller. Kann ich ein Interview mit dir machen?

Schildkröte: *(sehr langsam und bedächtig)*
Ähm, also ...

Rabe: *(Er macht hektisch und begeistert weiter, ohne die Antwort abzuwarten.)*

Prima, vielen Dank, also wie heißt du?

Schildkröte: Also ich, ja, ich ...

Rabe:
Hier ist wieder Felix der rasende Reporter – keiner fragt schneller, keiner ist heller. Vielen Dank. Was machst du denn so den ganzen Tag?

Schildkröte:
Also, ähm, meistens ... wenn ich nicht gerade ...

Rabe: *(Er macht schnell weiter.)*
Alles klar! Und was isst du eigentlich so als Schildkröte?

Schildkröte:
Hm, da muss ich mal überlegen ... am liebsten mag ich ...

Rabe:
Herzlichen Dank, vermutlich jede Menge Salat.
Ein prima Interview.
Jetzt muss ich aber schnell in die Redaktion und das Band für die Sendung vorbereiten. Felix der rasende Reporter bedankt sich ganz herzlich.
(Er will wegfliegen.)

Schildkröte: *(ruft laut)*
Haaaaaaaaaaaaaaaalt!

Rabe: Was ist denn los?

Schildkröte:
Mensch, du hast doch gar nichts auf dem Band!

Rabe:
Wieso denn nicht? Warum hast du nichts gesagt?

Schildkröte:
Ich wollte ja antworten, aber du hast meine Antworten nicht abgewartet.
Du hast mir nicht genug Zeit gelassen. Du hast nicht zugehört!

Rabe: *(betroffen)*
Oh! Was machen wir denn dann?

Schildkröte:
Du musst dich erst einmal entspannen! Atme mal tief durch. *(Der Rabe atmet ganz laut durch.)*
Wir machen das Interview einfach noch mal.
So, nun kann es losgehen, aber schön langsam.

Rabe: *(betont langsam)*
Also gut. Hier ist wieder Felix der rasende Reporter – keiner fragt schneller, keiner ist heller.
Wie heißt du denn?

Schildkröte:
(Sie wuselt etwas vor sich hin, denn sie hat die Frage schon vergessen.) Ähm ja – was?

Rabe: *(Er merkt nicht, dass dies nicht die Antwort war.)*
Frau Was. Also gut. Frau Was, was machst du denn den ganzen Tag?

Schildkröte:
Ich also, ähm, ja, was war noch mal die Frage?

Rabe: Was du den ganzen Tag machst?

Schildkröte: Ähm, ja, also ich .... ich ....

Rabe: *(ärgerlich)*
Du hast schon wieder nicht zugehört. So geht das nicht. Ich habe gefragt, was du den ganzen Tag machst.

Schildkröte:
Entschuldigung. Wie war die Frage?

Rabe: Ooooo ...
(Er kippt nach hinten um.)

Ansprache

(Der/die Leiter/in fragt die Kinder, was eigentlich zwischen dem Raben und der Schildkröte passiert ist. Die Kinder können sicher gut benennen, was schief gelaufen ist. Sich gegenseitig zuzuhören, ist die Voraussetzung, damit ein Gespräch überhaupt sinnvoll verlaufen kann.
Gemeinsam wird überlegt, wie das Interview besser ablaufen könnte.
Je nach Größe der einzuschulenden Kindergruppe könnte man auch fragen, ob die Kinder so etwas schon mal erlebt haben: entweder, dass ihnen jemand nicht zugehört hat oder dass sie selbst nicht zugehört haben.)

Stellt euch vor: das Ohr ist das Sinnesorgan bei uns, das schon als allererstes funktioniert, bevor wir geboren werden, bereits wenn wir noch im Bauch unserer Mama sind.
Gott hat uns unsere Ohren geschenkt und sie schon so früh funktionieren lassen, weil das Hören so wichtig ist! Nur wer gut hören kann, der kann auch sprechen lernen.
Am Anfang sprechen wir alles nach, was wir hören. Und später ist Sprechen und Hören gleich wichtig, damit wir Menschen uns untereinander richtig verstehen können.
Wenn du etwas sagst, dann möchtest du auch, dass dir jemand wirklich zuhört. Und andersherum auch: wenn ich dir etwas sage, dann möchte ich auch, dass du gut zuhörst.

Auch von Gott wissen wir etwas, weil unsere Ohren die Geschichten aus der Bibel hören können. Die Geschichten von Jesus zum Beispiel. Jesus sagt uns immer wieder: Gott hat dich lieb. Wenn wir das hören können, dann macht uns das fröhlich. Darum danken wir Gott für unsere Ohren und bitten, dass wir auch gut zuhören lernen und dass andere uns gut zuhören. Egal, ob das in der Schule ist oder woanders.

Bibeltext

Neigt eure Ohren her und kommt her zu mir!
Höret, so werdet ihr leben!
(Jesaja 55,3a)

Gottes Hand hält uns fest

Thema

Über die Hände, die die prall gefüllten Schultüten tragen müssen, entsteht die Frage nach der Größe von Gottes Händen. Die Rede von Gottes Händen bedeutet, dass Gott uns hält, weil er uns lieb hat und auf uns aufpasst.

Materialien

- Handpuppe Rabe (sie heißt hier Felix) oder eine andere (auch eine menschliche) Handpuppe
  (Ein Rabe, siehe Foto S. 32, kann als Handpuppe günstig bezogen werden bei: Rheinischer Verband für Kindergottesdienst, Missionsstraße 9a, 42285 Wuppertal. Menschliche Handpuppen gibt es von der Firma Folkman: www.Folkmanis.de; solche Handpuppen sind oft in Grundschulen vorhanden und können für den Schulanfangs-Gottesdienst ausgeliehen werden.)
- ein kleines Kuscheltier

Liedvorschläge

– Das wünsch ich sehr (KKH 54; LJ 488)
– Er hält die ganze Welt (LJ 517)
– Gottes Hand hält uns fest (S. 15)

Anspiel

Felix: *(zu den Kindern)*
Meine Güte, das sind ja viele schöne Schultüten, die ihr mitgebracht habt. Die sind bestimmt voll gefüllt und ziemlich schwer, was? Da habt ihr ja ganz schön zu schleppen! Hoffentlich macht ihr eure Hände nicht ganz schlapp, denn die müssen ja bald ganz viel tun, oder?

Sprecher/in:
Was meinst du denn damit, Felix?

Felix:
Na ja, ich meine, dass die Kinder ihre Hände zum Buchstaben-Schreiben brauchen und um besondere Zeichnungen zu machen – das ist doch in der Schule so, oder?

Sprecher/in:
Ach so, ja, das ist tatsächlich so. Es ist am Anfang gar nicht so leicht, die Buchstaben alle richtig schön zu schreiben und dann auch noch alle Zahlen.

Felix:
Aber dafür gehen die Kinder ja in die Schule, weil sie das lernen wollen, oder?

Sprecher/in: Genau.

Felix:
Du sag mal, die Kinder haben alle noch ziemlich kleine Hände. Ich frage mich, wie groß die Hände von Gott sind!

Sprecher/in: *(völlig erstaunt)*
Wie kommst du denn jetzt darauf?

Felix:
Wir haben doch eben gesungen, dass Gott dich und mich und das Baby und die ganze Welt in der Hand hält. Da muss Gott doch ziemlich große Hände haben, oder?

Sprecher/in:
Die Vermutung liegt natürlich nahe.
Wie groß Gottes Hände sind? Das ist schwierig, Felix, man kann Gott ja gar nicht sehen, sondern nur fühlen.

Felix: Eben!

Sprecher/in:
Das stimmt, dass Gott uns alle in der Hand hält, aber dafür braucht Gott gar keine besonders großen Hände.

Felix:
Keine besonders großen Hände?

Sprecher/in:
Schau mal, Felix, hier ist ein Kuscheltier. Halt es mal fest.

Felix:
(Er nimmt das Kuscheltier in den Schnabel oder in die Hand – je nach Art der Handpuppe.)
Au ja!

Sprecher/in:
Was kannst du jetzt damit machen?

Felix: Ich kann damit spielen.

Sprecher/in:
Und wenn ein Kind es dir wegnehmen will?

Felix:
Dann halte ich mein Kuscheltier ganz fest und und ...

Sprecher/in:
Halt, Felix, das reicht schon. Sag mal, warum hältst du dein Kuscheltier denn so fest?

Felix:
Weil das mein Kuscheltier ist und ich mag es so gerne.

Sprecher/in:
Genau so ist das auch mit uns und mit Gott. Wir gehören Gott und Gott hat uns lieb. Und dass Gott uns in seiner Hand hält, das bedeutet, dass Gott so auf uns aufpasst wie du auf dein Kuscheltier.

Felix: Hm – das ist schön.

Sprecher/in:
Siehst du, dafür braucht Gott gar keine besonders großen Hände. Wenn wir von der Hand Gottes reden, dann meinen wir, dass Gott uns festhält, auf uns aufpasst und uns lieb hat.

Felix:
Dann brauche ich ja gar keine Angst mehr zu haben!

Sprecher/in: *(erstaunt)*
Du hast manchmal Angst?

Felix:
Na klar, das verrate ich natürlich nicht jedem. Aber Angst haben doch alle mal.

Sprecher/in:
Das stimmt, Felix. Ich habe auch manchmal Angst! Und die Kinder, die jetzt zum ersten Mal zur Schule gehen, bestimmt auch. Aber Gottes Hand hält sie alle fest. Das heißt, dass Gott sie alle lieb hat und nicht los lässt und auf sie aufpasst. Gott begleitet uns jeden Tag – auch in die Schule. Das macht uns dann sicher und immer wieder Mut.

Bibeltext

Von allen Seiten umgibst du mich und hältst deine Hand über mir.
(Psalm 139,5)

Fahr' nicht schneller als dein Schutzengel fliegen kann

Thema

Engel haben Hochkonjunktur und das nicht nur zur Weihnachtszeit. Es gibt Schutzengel in allen Variationen zu kaufen. Sie stehen für unser Bedürfnis nach Behütung und Bewahrung. Eine Mutter erzählte mir mal, dass sie beim Schulanfang ihrer Kinder wieder angefangen habe zu beten. Ihr Gefühl war, dass sie nun ihre Kinder aus der Hand gibt und sie behütet wissen möchte. Dieses Anspiel nimmt das Thema auf.

(Es ist inspiriert von der Geschichte »Der liebe Gott und die Engel« aus: Angelika Stampfer und Betina Gotzen-Beek: Ich und der liebe Gott, Herder Verlag, Freiburg. Das Buch ist allerdings nur noch antiquarisch erhältlich.)

Als Mitgebsel für jede/n Schulanfänger/in eignet sich ein kleiner reflektierender Engel, der an den Schulranzen gehängt werden kann (Format 4,5 x 7 cm). Sie werden im Beutel zu zehn Stück vom Gottesdienstinstitut der Evang.-Luth. Kirche in Bayern günstig angeboten: Sperberstraße 70, 90461 Nürnberg, Telefon: (0911) 43 16 – 312, www.gottesdienstinstitut.org.
Beim Verlag Der Jugendfreund (www.jugendfreund.de) sind Glitzer-Engel zum Aufhängen mit Namensschild zum Verschenken erhältlich.

Materialien

- zwei menschliche Handpuppen
  (z.B. von der Firma Folkman: www.Folkmanis.de; solche Handpuppen sind oft in Grundschulen vorhanden und können für den Schulanfangs-Gottesdienst ausgeliehen werden.)

Liedvorschläge

– Heute geht die Schule los (S. 11)
– Gott behütet mich (S. 17)
– Gott, dein guter Segen (KKH 58; LJ 382)

Anspiel

Jim:
Hallo Lucy, weißt du was? Heute haben wir in der Schule die Rollen für unser Krippenspiel an Weihnachten verteilt. Und stell dir vor: ich spiele den Erzengel Gabriel.

Lucy: *(nimmt das Gesicht in die Hand und überlegt)* Hm.

Jim:
Wie – mehr hast du nicht dazu zu sagen? Dein Bruder spielt den Weihnachtsengel und du sagst nur »hm«!

Lucy:
Ich dachte gerade über was anderes nach: Wie wohl mein erster Schultag wird. Also, was hast du gesagt? Du spielst einen Engel beim Krippenspiel? Wozu sind denn Engel eigentlich da?

Jim: Damit sie dem lieben Gott etwas vorsingen.

Lucy: *(kichert)* Wirklich?

Jim:
Ähm, ich glaube, das war Blödsinn. Ich habe an unser Theaterstück gedacht ... Also: Engel sind die Postboten vom lieben Gott. Sie verkünden den Menschen Gottes Willen.

Lucy:
Meine Güte, du redest ja schon wie der Pastor höchstpersönlich! Ich glaube, dass der liebe Gott selber reden kann, dafür braucht er doch keine Engel, oder?

Jim: *(beleidigt)*
Spiele ich einen Engel, oder du? Und wenn du sowieso alles besser weißt, dann brauchst du mich ja gar nicht erst zu fragen.

Lucy:
Aber ... ich habe doch nur ... ich wollte dich nicht ärgern, ich habe nur laut nachgedacht.

Jim: *(unfreundlich)* Das war eben falsch gedacht!

Lucy: *(versöhnlich)* Du hast sicher Recht.

Jim: *(muffelt vor sich hin)* Hm.

Lucy:
Aber ich glaube, die Engel sind noch für was anderes da.

Jim: *(interessiert)* Wofür denn?

Lucy:
Damit sie uns beschützen. Mama hat zu mir schon oft gesagt, dass ich einen Schutzengel habe. *(kichert)* Der liebe Gott würde gar nicht nachkommen, wenn er uns immer alle selbst beschützen müsste.

Jim:
Das stimmt. Ich habe auch schon gemerkt, dass ich wohl einen Schutzengel haben muss.

Lucy:
Und weil ich mit dem Fahrrad so schnell fahren kann, muss der Schutzengel auch sehr schnell fliegen können, sonst bleibt er hinten und ist nicht da, wenn ich ihn grade brauche, oder?

Jim: Ist doch logisch.

Lucy:
Da hast du ja wirklich eine tolle Rolle abgekriegt beim Krippenspiel.

Jim:
Sag ich doch. Und ich freue mich auch schon total darauf.

Lucy:
Ich meine, beschützen kannst du ja immer ganz gut, aber ein bisschen singen üben musst du für deine Engelrolle wohl doch noch, was?

Jim: Meinst du, ich schaff das?

Lucy:
Na logisch! Du bist der netteste Engel, den ich kenne!

Jim:
Danke, kleine Schwester! Und du passt bitte auf dem Schulweg trotzdem immer gut auf dich auf. Kann ja sein, dass dein Schutzengel gerade mal abgelenkt ist und ich auch nicht in der Nähe bin. O.K.?

Lucy: Na logisch!

Bibeltext

Denn er hat seinen Engeln befohlen, dass sie dich behüten auf allen deinen Wegen.
(Psalm 91,11)

Flügge werden

Thema

Kinder werden flügge, wenn sie zur Schule gehen und über längere Zeit außer Haus sind. Sie fangen an, selbst Verabredungen zu treffen und nach dem Unterricht eigene Wege zu gehen. Der Schulbeginn ist ein großer Schritt zur Selbständigkeit und im Prozess des Erwachsenwerdens. In den Kindern paart sich die Neugier mit der Angst vor dem Unbekannten. Das kennen wir Erwachsene von uns selbst. Ein Rabe erzählt den Kindern, wie er einen kleinen Spatzen beobachtet hat, der fliegen lernt. Er hat zunächst große Angst, aber lernt es dann doch und hat viel Spaß beim Ausprobieren seiner neuen Fähigkeiten. Die Kinder können sich ohne viele Worte mit dem kleinen Spatzen identifizieren und bekommen Mut, es einfach zu versuchen, sei es mit der Schule oder mit vielen anderen Dingen, getragen von der Gewissheit: Gott trägt mich.

Materialien

- Ein Rabe als Handpuppe
  (Ein Rabe, siehe Foto S. 32, kann als Handpuppe günstig bezogen werden bei: Rheinischer Verband für Kindergottesdienst, Missionsstraße 9a, 42285 Wuppertal.)
- eventuell eine bunte Feder als Mitgebsel für die Schulanfänger/innen zum Zeichen des Flügge-Werdens
  (Verschiedenfarbige Hühnerfedern im Beutel mit 12 Stück bietet der Verlag Junge Gemeinde an: Bestell-Nr. 483)

Liedvorschläge

– Gottes Hand hält uns fest (S. 15)
– Spatzenkinder, schaut nur her (S. 16)

Ansprache

Felix:

Hallo, liebe Schulkinder. Habe ich das richtig vernommen, dass ihr heute alle euren ersten Schultag habt? ... *(Kinder antworten)*
Toll! Freut ihr euch denn auf die Schule? ...
(Kinder antworten)

Ihr werdet also heute flügge. Habt ihr das schon mal gehört: flügge werden? ...
(Kinder antworten, je nach Antwort aufnehmen und weiter:)

»Flügge« heißt eigentlich fliegen können. Wenn kleine Vögel, sagen wir mal kleine Spatzen, geboren werden, dann können sie ja erst noch gar nicht fliegen. Nach ein paar Tagen werden sie dann aber flügge, d.h. sie werden flugfähig und verlassen das Nest.
Ihr, liebe Schulkinder, werdet jetzt also flügge. Könnt ihr denn auch fliegen?
(Gelächter der Kinder und vermutlich Neinrufe)

Vielleicht lernt ihr das in der Schule?
(Kinder reagieren)

Nein? Ach so, habe ich ja ganz vergessen, ihr seid ja gar keine Vögel, sondern Menschen. Ihr habt ja gar keine Flügel, ihr Armen, sondern nur zwei Beine. Naja, immerhin. Aber flügge werdet ihr trotzdem. Man sagt das so, wenn ihr nun regelmäßig euer Nest verlasst und zur Schule geht. *(Kinder reagieren auf das Nest.)*
Was, ihr habt kein Nest? Das tut mir wirklich leid. Ach so, ihr wohnt in Wohnungen und Häusern, stimmt ja, habe ich ganz vergessen.
Also dann versuche ich es nochmal: ihr verlasst nun regelmäßig eure Häuser und geht zur Schule. Ihr werdet also flügge, auch wenn ihr mit euren Beinen zur Schule geht oder fahrt, anstatt schön gemütlich eure Flügel zu schwingen und durch die Lüfte in die Schule zu segeln. Das wäre klasse, was? Nun, es kann eben nicht jeder alles.
Ich möchte euch eine kleine Geschichte erzählen, die ich selbst mal mitbekommen habe:
Eines Tages saß ich gemütlich in einem Baum und entdeckte ein kleines Nest. Da saßen drei kleine Spatzen drin. Die waren noch gar nicht alt, vielleicht ein paar Tage. Könnt ihr euch vorstellen, was so ein paar kleine Spatzenbabys für einen Lärm veranstalten können? Ich sage euch: ohrenbetäubend. Die schrieen so laut, wie es vermutlich nur Babys können. Habt ihr eine Idee, warum die solch einen furchtbaren Lärm gemacht haben? *(Kinder raten)*

Die Vogelbabys hatten Hunger. Auf einmal kam die Spatzenmama angeflogen und stopfte jedem Spatzenbaby einen dicken Wurm in den Schnabel. Dann hörte der Lärm für eine Weile auf. So ging es ein paar Tage weiter. Ab und zu flog ich wieder vorbei und guckte, wie es den Kleinen ging. Sie wurden schnell größer und schwupp waren es keine Babys mehr, sondern Kinder.

Eines Tages sah ich, wie die drei Spatzenkinder auf dem Nestrand balancierten. Mir blieb fast das Herz stehen, weil ich dachte, sie fallen gleich raus. Ich wollte schon hinfliegen, um sie zu retten. Aber da sah ich auf dem Baum gegenüber ihre Mama hocken. Sie rief den Spatzenkindern zu: »Los, breitet die Flügel aus und stoßt euch ab, kommt zu mir geflogen.«

Würden sie es wagen? Ich war gespannt. Da, der erste kleine Spatz saß ganz auf dem Nestrand und schlug mit den Flügelchen aufgeregt auf und ab, kurz danach stieß er sich ab, breitete seine Flügel aus und flog einfach los. Toll, ich war begeistert. Ich hörte den ersten vor Freude rufen: »Fliegen macht Spaß, oh, ist das toll, kommt auch, fliegt einfach los, es ist gar nicht schwer.« Der zweite Spatz zögerte nicht lange. Auch er hüpfte auf den Rand des Nestes, schlug mit den Flügeln ein paar Mal zur Probe, breitete dann seine Flügel aus und schwebte los. Er war genauso begeistert wie der erste.

Nur der dritte kleine Spatz war schrecklich ängstlich. Er hockte am Rand des Nestes und schien recht unentschlossen zu sein. Er zappelte hin und her und hüpfte von einem Bein auf das andere und war sehr besorgt: »Ach, und wenn es bei mir nicht klappt?«, jammerte er mehr zu sich selbst als zu den anderen, »dann falle ich zu Boden und bin platt ... ach, ich bleibe lieber hier im Nest ... oder sollte ich es doch mal versuchen ... ach, lieber nicht ... aber wer wird mir dann etwas zu essen bringen ... niemand mehr ... ich werde verhungern ... schrecklich ... ich lerne bestimmt nie fliegen ... was mache ich bloß ... was mache ich bloß ... ich habe solche Angst ... was soll das bloß werden?«

Na, das fragte ich mich ja auch: Was sollte das bloß werden mit so einem ängstlichen kleinen Spatzen? So ein ängstliches kleines Vögelchen hatte ich noch nie in meinem Leben gesehen. Könnte ich ihm vielleicht helfen? Was könnte ich ihm sagen? Vielleicht, dass der liebe Gott im Himmel auf ihn aufpasst und ihn nicht fallen lässt, egal ob der kleine Spatz im Nest sitzt oder in der Luft fliegt?

Bevor ich mich entschieden hatte, wie ich ihm am besten beistehen könnte, hatten die anderen zwei Spätzchen auch schon gemerkt, dass der dritte Spatz gar nicht richtig in Gang kam. Sie kamen zurückgeflogen und riefen: »Komm, flieg' einfach los, es ist gar nicht schwer, du kannst das! Es macht soviel Spaß!«

Und der kleine Spatz hüpfte nervös von einem Bein aufs andere und *(erschreckt rufen:)* hoppla, da verlor er das Gleichgewicht und purzelte aus dem Nest. Aber er spannte schnell seine Flügel auf. Er schwebte, getragen von seinen Flügelchen, durch die Luft. Er konnte tatsächlich fliegen – das hätte er nie gedacht. Es war gar nicht so schwer und machte richtig Spaß. Und da flogen sie nun auf und davon. Alle flügge geworden: aus dem Nest raus und hinaus in die weite Welt. Wer weiß, vielleicht sogar zur Schule, so wie ihr? Auf jeden Fall haben sie es alle geschafft loszufliegen: zwei ganz einfach und einer mit mehr Mühe. Aber glücklich darüber waren sie alle am Schluss. Es war dann doch gar nicht so schwer und hatte sich richtig gelohnt. Und ich bin mir sicher, dass der kleine Spatz genau weiß, dass Gott auf ihn aufpasst, besonders, wenn er etwas Neues ausprobiert.

Bibeltext

Nähme ich Flügel der Morgenröte und bliebe am äußersten Meer, so würde auch dort deine Hand mich führen und deine Rechte mich halten.
(Psalm 139,9-10)

Wir puzzeln uns zusammen

Thema

Die Kinder kommen neu als eine Klasse zusammen. Das ist vorher immer aufregend. »Mit wem bin ich zusammen?« und »Werde ich meinen Platz in der Gruppe finden?«, sind die Fragen, die die Kinder bewegen und sicher auch die Eltern.
Im Gottesdienst sollen die Kinder zu viert oder zu sechst Puzzleteile zusammenlegen. Auf den Puzzles sind Bilder zu sehen: eine Schultüte oder ein Mensch. Anhand des Bildes des Menschen wird der Bezug zur Bibelstelle hergestellt. So wie jeder Körperteil für den Menschen eine wichtige Funktion hat, hat jedes Kind in der Klasse einen bestimmten Platz und eine bestimmte Aufgabe. Dieser Gottesdienst eignet sich für eine kleinere, überschaubarere Gruppe von Schulanfänger/innen.

Materialien

Es müssen Puzzles hergestellt werden. Dazu werden viele verschiedenfarbige etwas dickere Pappen im DIN-A3- oder DIN-A2-Format benötigt. Die Pappen werden jeweils bemalt mit einer Schultüte oder mit einem Menschen. Danach wird ein Puzzleteilmuster aufgemalt und dick mit einem Edding nachgezogen, danach ausgeschnitten.

Es ist praktisch, vorher zu wissen, wie viele Kinder eingeschult werden, so dass die richtige Menge an Puzzles hergestellt werden kann. Die Puzzles sollten jeweils aus vier oder maximal sechs Teilen bestehen.
(Siehe Muster S. 59 und die Puzzle-Teile S. 60 f.)

Bei der Herstellung von Sechser-Puzzles sollten noch ein Fünfer-, Vierer- und Dreier-Puzzle angefertigt werden. Bei der Herstellung von Vierer-Puzzles sollten noch ein Sechser-, Fünfer- und Dreier-Puzzle angefertigt werden, damit die übrig bleibenden Kinder sinnvoll in Puzzlegruppen eingeteilt werden können. Mehr als sechs Teile pro Puzzle bieten sich nicht an, da die Aktion sonst zu lange dauern würde.

Liedvorschläge

– Schwarze, Weiße, Rote, Gelbe (LJ 606)
– Guter Gott, dankeschön (S. 18)

Muster - Mensch

Muster - Schultüte

Puzzle - Der Mensch

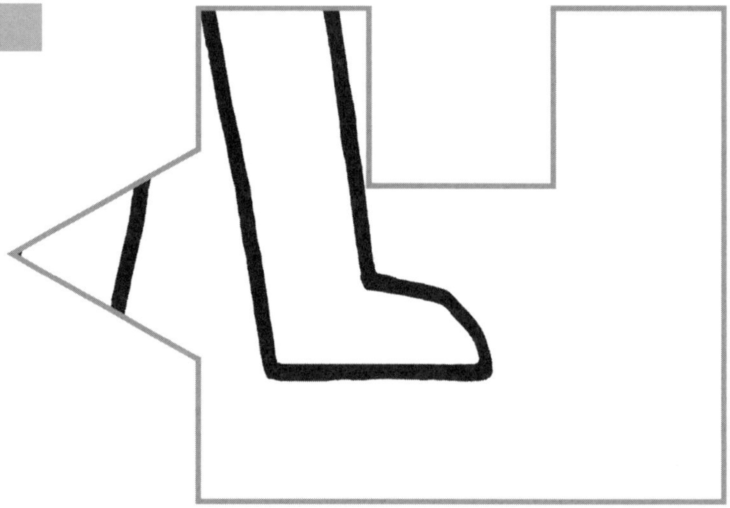

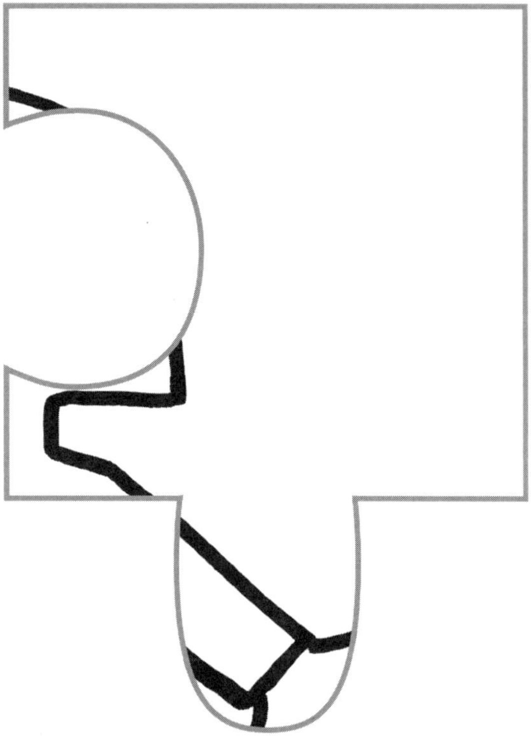

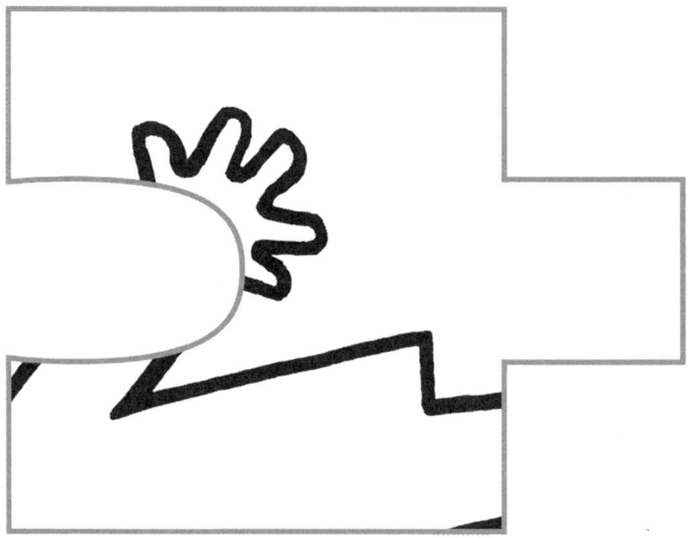

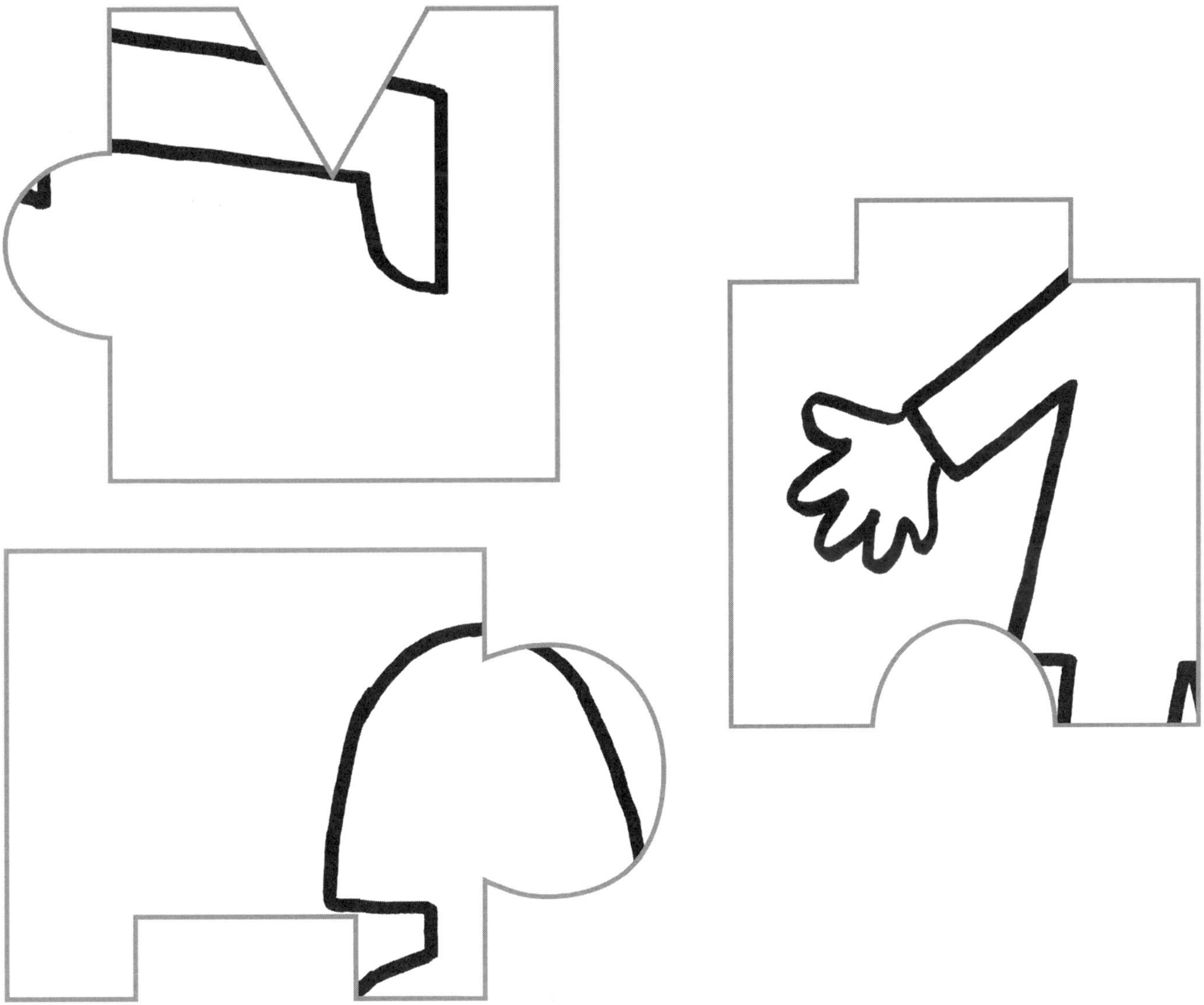

Puzzle - Schultüte

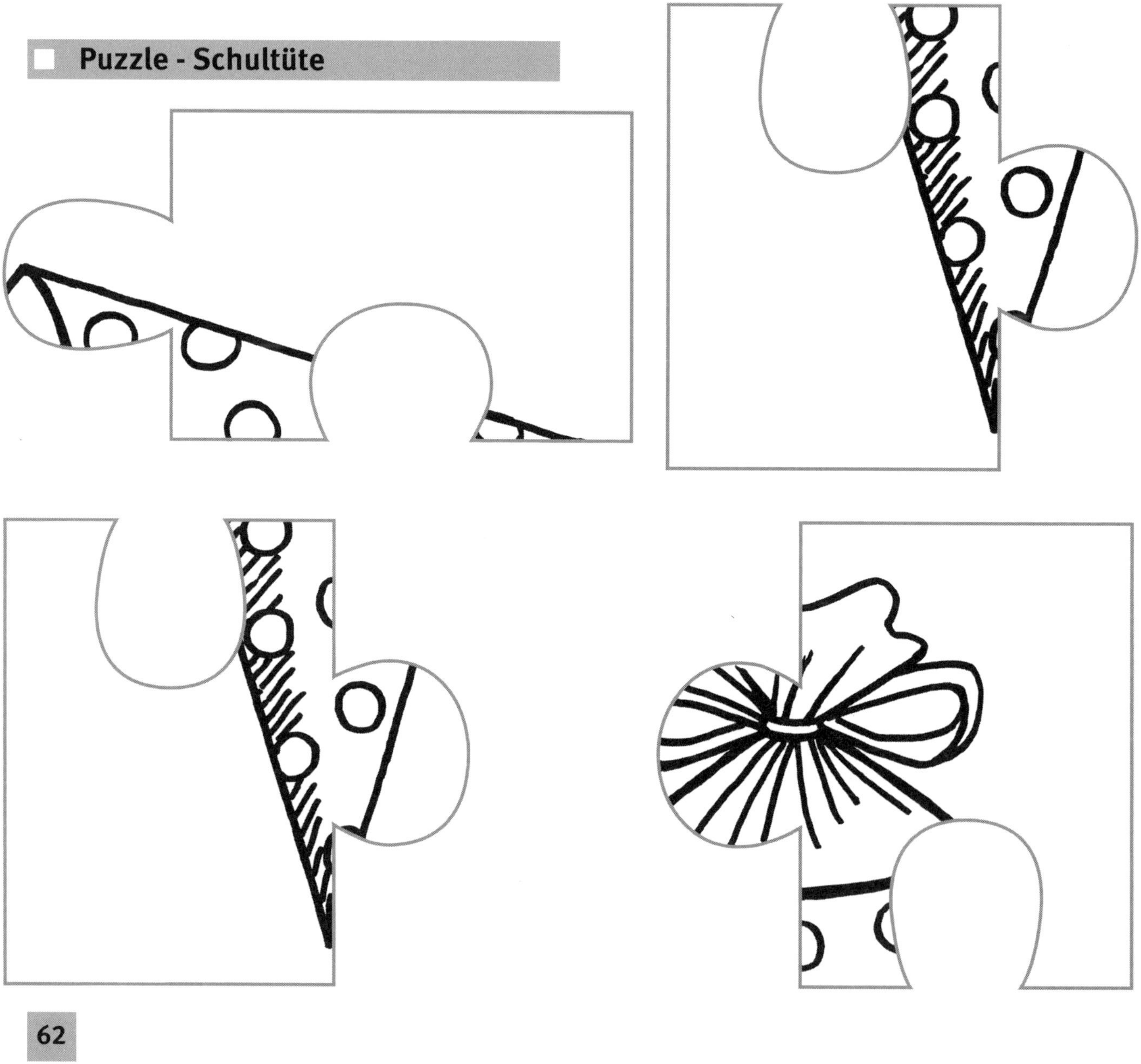

Ansprache / Aktion

Lieber Schulkinder,
ich habe euch etwas mitgebracht.
(zeigt die Puzzleteile)

Erkennt ihr, was das sein soll? Es sind Puzzleteile. Ihr seht, dass es unterschiedliche Farben gibt. Jede Farbe ergibt ein eigenes Puzzle. Und wenn das Puzzle fertig ist, dann ist sogar noch ein Bild darauf zu sehen. Ihr habt doch bestimmt alle schon einmal gepuzzelt, oder?
Von jeder Farbe gibt es je nachdem vier oder sechs Teile. Jeder Schulanfänger und jede Schulanfängerin bekommt von mir ein Puzzleteil in die Hand. Dann sucht ihr die Kinder, die ein anderes Teil in der gleichen Farbe haben. Und wenn ihr alle Kinder gefunden habt – wie viele müssen es sein? *(Antwort der Kinder abwarten)*
– genau, es müssen 4 (oder 6) Kinder sein –, dann fangt ihr an zu puzzeln, einfach hier auf dem Fußboden. Habt ihr das alle verstanden? Hat jemand noch eine Frage? Gut, dann legt mal alle eure Schultüte aus der Hand und kommt nach vorn und holt euch ein Puzzleteil ab. Aber wirklich nur die Kinder, die heute mit der Schule beginnen!

(Wer ganz sicher gehen will, zählt zuerst die Kinder, die nach vorn kommen, damit genau die richtige Menge Teile ausgegeben wird. Die Puzzleteile werden farblich durcheinander an die Kinder verteilt. Am Schluss bleibt vielleicht eine andere Zahl übrig. Die Puzzles mit der anderen Anzahl Teile werden zurückgehalten und am Ende vergeben. D.h. wenn ich 4er Puzzle verteile, behalte ich das 6er, 5er und 3er Puzzle zurück und vergebe eines davon an die übrig bleibende Gruppe. Wenn ich allerdings vorher gezählt habe, dann weiß ich ja, welches Puzzle ich brauche und kann es schon vorher ausgeben.
Nun puzzeln alle Kinder und die Leiterin geht herum und hilft eventuell.)

Jetzt sind alle Kinder fertig. War das einfach oder schwierig für euch? *(Kinder antworten)*
Waren denn alle Teile da oder hat eins gefehlt?
(Kinder antworten)

Was meint ihr, gibt es bei den ganzen Puzzleteilen eins, das am wichtigsten ist oder wichtiger als alle anderen?
(Gemeinsam entwickeln wir, dass die Puzzleteile alle gleich wichtig sind. Denn wenn irgendeines fehlt, dann kann das Puzzle nicht fertiggestellt werden.)

Was ist denn auf euren Puzzeln zu sehen?
(Kinder antworten)

Eine Schultüte. Warum ist die da wohl drauf?
(Kinder antworten)

Na klar, die ist drauf, weil ihr heute mit der Schule anfangt. Das ist nicht so schwierig. Auf einigen Puzzeln ist ein Mensch drauf. Hat jemand eine Idee, was das bedeuten könnte?
(Mit den Antworten der Kinder umgehen, die Antworten würdigen. Nicht etwa sagen, dass sie falsch sind, sondern die Ideen würdigen.)
Ihr habt gute Ideen gehabt. Ich habe auch noch eine Idee, die möchte ich euch erzählen.
Ein Mensch hat einen Körper und dazu gehören viele Glieder, z.B. das Auge, oder die Nase oder was noch?
(Kinder ergänzen)

Oder ein Fuß oder eine Hand. Stellt euch vor: die Hand würde zum Fuß sagen: wir brauchen dich nicht, du sollst nicht mehr zu unserem Körper gehören. Was würde dann passieren?
(Kinder antworten)

Genau, das geht gar nicht. Unser Körper braucht doch den Fuß. Der gehört dazu. Oder wenn das Auge zum Ohr sagen würde: ich bin viel wichtiger als du. Du Ohr sollst nicht mehr zu unserem Körper gehören. Das geht doch gar nicht. Das Ohr ist genauso wichtig wie das Auge. Alle unsere Glieder sind gleich wichtig für unseren Körper.

Und so ähnlich ist es auch mit euch in eurer neuen Klasse. Stellt euch vor, eure neue Klasse wäre wie ein Mensch und jeder von euch wäre eines der Glieder, z.B. ein Ohr, ein Auge, ein Mund, ein Fuß, eine Hand, ein Bein und was es da noch alles so gibt. Alle Glieder sind wichtig: ihr alle zusammen seid wichtig und keiner ist wichtiger als jemand anderes. Keiner darf fehlen.
So ähnlich ist es ja auch bei dem Puzzle: da sind auch alle Teile gleich wichtig.
Ich wünsche euch für euren Schulanfang, dass ihr alle gemeinsam zu einer Klasse zusammenwachst, wo jeder und jede seinen Platz findet und ihr gemeinsam alle gleich wichtig seid.
Jeder darf sich als Erinnerung ein Puzzleteil mitnehmen. Vielleicht wisst ihr ja noch, welches ihr vorher bekommen hattet.
(Die Kinder suchen sich ein Teil aus und setzen sich wieder hin.)

Bibeltext

Denn wie der Leib einer ist und doch viele Glieder hat, alle Glieder des Leibes aber, obwohl sie viele sind, doch ein Leib sind: so auch Christus. Denn wir sind durch einen Geist alle zu einem Leib getauft, wir seien Juden oder Griechen, Sklaven oder Freie, und sind alle mit einem Geist getränkt. Denn auch der Leib ist nicht ein Glied, sondern viele. Wenn aber der Fuß spräche: Ich bin keine Hand, darum bin ich nicht Glied des Leibes, sollte er deshalb nicht Glied des Leibes sein? Und wenn das Ohr spräche: Ich bin kein Auge, darum bin ich nicht Glied des Leibes, sollte es deshalb nicht Glied des Leibes sein? Wenn der ganze Leib Auge wäre, wo bliebe das Gehör? Wenn er ganz Gehör wäre, wo bliebe der Geruch? Nun aber hat Gott die Glieder eingesetzt, ein jedes von ihnen im Leib, so wie er gewollt hat. Wenn aber alle Glieder ein Glied wären, wo bliebe der Leib? Nun aber sind es viele Glieder, aber der Leib ist einer. Das Auge kann nicht sagen zu der Hand: Ich brauche dich nicht; oder auch das Haupt zu den Füßen: Ich brauche euch nicht. Vielmehr sind die Glieder des Leibes, die uns die schwächsten zu sein scheinen, die nötigsten; und die uns am wenigsten ehrbar zu sein scheinen, die umkleiden wir mit besonderer Ehre; und bei den unanständigen achten wir besonders auf Anstand; denn die anständigen brauchen es nicht. Aber Gott hat den Leib zusammengefügt und dem geringeren Glied höhere Ehre gegeben, damit im Leib keine Spaltung sei, sondern die Glieder in gleicher Weise füreinander sorgen. Und wenn ein Glied leidet, so leiden alle Glieder mit, und wenn ein Glied geehrt wird, so freuen sich alle Glieder mit.

(1. Korinther 12,12-26)

Hand in Hand

Thema

Hände sind ein wichtiges Symbol für die Fürsorge und Begleitung, die Menschen im Leben brauchen. In der Ansprache werden verschieden große Papphände eingesetzt, um aufzuzeigen, was wir mit unseren Händen machen und wer für wen da ist. Größere (Hände und somit Menschen) sind für Kleinere wichtig, aber auch umgekehrt. Die »Hand Gottes« ist ein Symbol für die Begleitung Gottes in unserem Leben.

Materialien

Es werden vier verschieden große Hände aus farbiger Pappe ausgeschnitten. Das auf der rechten Seite abgebildete Muster entspricht ungefähr der Größe der Hand eines Kindes, das in die 1. Klasse kommt. Eine zweite Hand soll die ungefähre Größe einer Babyhand haben, eine dritte wird in der Größe der Hand eines Erwachsenen gezeichnet. Dann wird eine riesengroße Hand (aus einer DIN-A1-Pappe) hergestellt, die die Hand Gottes symbolisieren soll (s. die Angaben zum Gottesdienst »Die etwas andere Schultüte« S. 23)

Liedvorschläge

- Gottes Hand hält uns fest (S. 15)
- Er hält die ganze Welt (LJ 517)
- Das wünsch' ich sehr (KKH 54; LJ 488)

Ansprache

(In der Ansprache wird immer wieder das Gespräch mit den Schulkindern gesucht und deren Antworten werden aufgenommen und eingebaut.)

Liebe Schulkinder,
ich möchte euch gern etwas zeigen.
(Er/Sie zeigt die Babypapphand.)

Ihr wisst bestimmt, was das sein soll, oder?
(Kinder antworten.)

Es ist eine Hand. Was meint ihr, wem eine Hand dieser Größe gehören könnte? *(Kinder antworten)* Das soll die Hand von einem Baby sein. Wisst ihr, was ein Baby mit seiner Hand so alles macht? *(Kinder antworten.)*
Ein Baby hat die Hand oft am Mund, damit kann es sich selbst beruhigen, vielleicht nuckelt es am Daumen, um besser einzuschlafen. Hat das jemand von euch früher gemacht?
(Kinder antworten.)

Außerdem fasst ein Baby, wenn es größer wird, alles an und lernt so, die Welt zu begreifen. Und wenn es laufen lernt, dann zieht es sich hoch und hält sich fest, damit es nicht hinfällt.
Ich habe euch noch eine andere Hand mitgebracht. *(Er/Sie zeigt die Kinderhand.)*

Was meint ihr, wem die gehören könnte?
(Kinder antworten.)

Die hat eure Handgröße? Wir probieren das mal aus.
(Hält die Papphand an einige Kinderhände zur Größenprobe.)

Bei einigen von euch passt die Hand genau, bei anderen nicht ganz, aber das ist ja auch ganz klar, weil unsere Hände nie gleich groß sind.
Erzählt mir mal: was tut ihr denn alles mit euren Händen?
(Kinder geben die unterschiedlichsten Antworten, hinterher kann man noch ein paar Hinweise geben.)

Wann fasst ihr mit euren Händen denn andere Menschen an?
(Begrüßung, Festhalten, beim Spazierengehen, winken, streicheln, hoffentlich nicht schlagen usw.)

Jetzt kommt ihr in die Schule. Was werdet ihr da wohl mit euren Händen machen?
(Kinder antworten.)

Schreiben lernen, malen, vielleicht ein Musikinstrument spielen und vieles mehr. Manchmal haltet ihr euch auch zu zweit an den Händen, wenn ihr einen Ausflug macht und aufpassen sollt, dass niemand verloren geht.
Ich habe noch eine Hand mitgebracht.
(Er/Sie zeigt die Erwachsenenhand.)

Was meint ihr, wem die gehören könnte?
(Kinder antworten.)

Diese Hand gehört erwachsenen Menschen, z.B. euren Eltern oder Großeltern. Eure Eltern tun ganz viel mit ihren Händen für euch. Sie haben euch getragen, als ihr Babys wart und noch nicht laufen konntet. Sie heben euch auf, wenn ihr fallt. Beim Spazierengehen fassen sie euch an, weil es einfach schön ist, oder um auf euch aufzupassen, wenn ihr die Straße überquert. Und sie streicheln euch mit ihren Händen, weil wir alle ganz viel Liebe brauchen, um groß zu werden. Und jetzt müssen eure Eltern eure Hände ein bisschen mehr loslassen, weil ihr ja in die Schule geht und gar nicht mehr so oft wie bisher zu Hause seid. Und das ist für Eltern manchmal gar nicht so einfach.

Jetzt habe ich noch eine Hand mitgebracht, und ich bin gespannt, ob ihr herausfindet, wem die gehören soll.
(Er/Sie zeigt die riesengroße Hand; Kinder raten, oft bekommen sie heraus, dass das Gottes Hand sein soll.)

Das soll die Hand Gottes sein.
(Manchmal gibt es hier sogar Proteste von Kindern, die mit dem folgenden Satz auch aufgenommen werden.)

Gott hat natürlich keine Hände, aber wir reden so von Gott, weil wir uns dann besser vorstellen können, was Gott für uns tut. Wir sagen: Gott hält seine Hand über uns und beschützt uns, oder Gott hält die ganze Welt in seiner Hand. Unser Leben steht in Gottes Hand und Gott segnet uns.

Letztens habe ich ein Gespräch belauscht. Ein Gespräch zwischen einer kleinen und einer großen Hand. Die große Hand, das könnte die Hand eurer Eltern sein oder auch Gottes Hand. Und ihr werdet etwas Erstaunliches hören: nicht nur die kleine Hand braucht die große, sondern auch die große Hand braucht die kleine! Hört selbst:

Es sagte einmal eine kleine Hand zur großen Hand: »Du große Hand, ich brauche Dich. Ich brauche Dich, weil ich mich bei Dir wohlfühle und bei Dir sicher bin. Ich spüre Dich, wenn ich wach werde und Du dann bei mir bist. Ich spüre Dich, wenn ich Hunger habe und Du mir zu Essen gibst. Ich spüre Dich, wenn ich mit Dir spazieren gehe und Du mir die Welt zeigst. Ich spüre Dich, wenn ich Angst habe und traurig bin und Du mich tröstest. Ich spüre Dich, wenn ich müde bin und Du mich trägst. Ich bitte Dich, bleibe in meiner Nähe und halte mich.«

Und es sagte die große Hand zur kleinen Hand: »Du kleine Hand, ich brauche Dich. Ich brauche Dich, weil ich mich bei Dir wohlfühle und Dich lieb habe. Ich spüre Dich, wenn ich mit Dir spielen, lachen und toben kann. Ich spüre Dich, wenn ich Dir kleine Griffe zeigen kann, die Du lernen willst. Ich spüre Dich, wenn ich müde und traurig bin und Du mich wieder froh machst. Ich bitte Dich: Bleibe in meiner Nähe und halte mich.«

Und das wünsche ich euch zum Schulanfang: Seid behütet und begleitet von Gottes Hand. Amen.

Biblischer Text

Von allen Seiten umgibst du mich, Gott, und hältst deine Hand über mir.
(Psalm 139,5)

Das Mutmach-CD-Buch zum Schulstart!

Reinhard Horn (Hg.)
Heute geht die Schule los!

Geben Sie dem neuen Schulkind Ihre persönlichen Wünsche mit auf den Weg!
Das liebevoll gestaltete und handliche Büchlein ist ideal für jede Schultüte. Die schwungvollen Lieder und warmherzigen Texte helfen den kleinen ABC-Schützen, ihren Platz in der neuen Welt der Schule zu finden.
Das Buch bietet viele Möglichkeiten zur individuellen Gestaltung für Eltern, Großeltern, Paten und Freunde. Nicht zuletzt kann das Schulkind selbst mit eigenen Eintragungen und Fotos sein persönliches Erinnerungsbuch an diesen großen Tag daraus machen. Alle Lieder des Buches sind zum Anhören und Mitsingen auf der beigefügten CD. Nicht nur der Schulhof-Boogie-Woogie kann zum echten Ohrwurm werden.

24 Seiten, Format 13,5 x 12 cm, durchgehend vierfarbig, gebunden, mit CD (Spielzeit ca. 40 Minuten), € 12,80
ISBN 978-3-7797-2057-7

Und für Ihre Geschenke zum Schulanfang

Geschenk-Faltkarte für Kinder
»Gott mag Kinder, große und kleine ...«
Mit Umschlag orange, 12 x 17 cm, cellophaniert,
€ 2,50, Bestell-Nr. 663

Für anschauliche Gestaltungen biblischer Erzählungen, zum Legen einer Mitte in Gottesdiensten, Meditationen oder Kurzandachten mit Kindern. Führen Sie die Kinder mit diesen Materialien zum Mitgestalten, zum Schauen und Staunen. So wird Ihr Unterricht, Ihr Gottesdienst oder Ihre liturgische Feier für alle zum eindrücklichen Erlebnis.

Inhalt:

► Tasche (Maße: ca. 26 x 38 cm, Nylon, schwarz, mit Schultergürtel, aufgedrucktes, weißes Fischsymbol),

► Anwendungsheft »Feiern mit allen Sinnen« mit praktischen Beispielen zu den Materialien,

Unsere Kreativtasche öffnet Ihnen viele neue Arbeitsmöglichkeiten!

► Tücher-Set 1: Sechs Baumwolltücher (Maße: 85 x 85 cm) in den Farben: gelb, rot, blau, violett, grün, schwarz,
► Kerze mit vier Verzierwachs-Plättchen,
► Keramik-Kranz zum Legen und Gestalten einer Mitte (Ø 15 cm, Innenring: ca. Ø 1,5 cm),
► 10 Holzkegelfiguren (5 x 1 cm),
► 20 Holzstäbe (6 cm, Kantenlänge: 1 cm),
► 20 Holzscheiben (Ø 4 cm, 1 cm hoch),
► 2 Glastropfen klar (je 5 cm lang),
► Glasnuggets (300 g im Netz, 70 bunte Glassteine)
► Federn (Beutel mit 12 Stck., farbig)
► Baumwoll-Kordel (Ø 6 mm, 10 m lang)
Tasche mit Inhalt zum Komplettpreis von € 69,-, Best.Nr. 528

Noch mehr Gestaltungsmöglichkeiten mit den Materialien der Kreativtasche zeigt das Buch: Peter Hitzelberger (Hg.), **Komm in unsere Mitte, Herr!**

Erzählungen mit Legebildern, liturgische Elemente und Gestaltungsideen für Gottesdienste zu Themen des Kirchenjahres wie Advent, Passion, Ostern und Pfingsten und zu biblischen Geschichten.
96 Seiten, kartoniert, Format DIN A 4, € 15,90, ISBN 978-3-7797-0567-3